Kommunikations- und Medienethik

herausgegeben von

Alexander Filipović
Christian Schicha
Ingrid Stapf

Band 17

Sofia Eleftheriadi-Zacharaki | Sönke Hebing
Gerald Manstetten | Simone Paganini [Hrsg.]

Vom Umgang mit Fake News, Lüge und Verschwörung

Interdisziplinäre Perspektiven

Onlineversion
Nomos eLibrary

Die Deutsche Nationalbibliothek verzeichnet diese Publikation in der Deutschen Nationalbibliografie; detaillierte bibliografische Daten sind im Internet über http://dnb.d-nb.de abrufbar.

ISBN 978-3-8487-8122-5 (Print)
ISBN 978-3-7489-2539-2 (ePDF)

Bis Band 4 erschienen bei Beltz Juventa, Weinheim.

1. Auflage 2022
© Nomos Verlagsgesellschaft, Baden-Baden 2022. Gesamtverantwortung für Druck und Herstellung bei der Nomos Verlagsgesellschaft mbH & Co. KG. Alle Rechte, auch die des Nachdrucks von Auszügen, der fotomechanischen Wiedergabe und der Übersetzung, vorbehalten. Gedruckt auf alterungsbeständigem Papier.

*Für Max Kerner,
ohne den es das Projekt „Leonardo" nicht geben würde.*

Inhalt

Einleitung ... 9

Teil 1 Konkrete Beispiele zu Fake News und Verschwörungstheorien in Geschichte, Politik und Journalismus

Good News or Fake News? Zur Erfolgsgeschichte der Weihnachtserzählung ... 15
Simone Paganini

Mittelalterliche Fake News? Zum Mittelalter als Welt der Fälschungen ... 29
Max Kerner

„Die Bekämpfung des Antisemitismus ist ein Dienst an der Wahrheit". Der Umgang jüdischer Zeitschriften mit antisemitischen Falschbehauptungen zu Kriegsende 1918/19 ... 45
Sönke Hebing

Fake News als Propagandamittel in der DDR. Das Beispiel Mauerbau ... 57
Ines Soldwisch

Gezielte Desinformation als Element hybrider Konflikte ... 69
Ralph Rotte

Fake News und Verschwörungen in digitalen Medien ... 83
Joachim Allgaier

Lügen verboten! Über die Grundsätze der Kommunikation von Hochschulen ... 93
Thorsten Karbach

Inhalt

Teil 2 Verschwörungstheorien und Fake News: Analysen auf der Metaebene

Was die Linguistik zu Verschwörungstheorien zu sagen hat 105
Thomas Niehr

Lüge und Täuschung in der Politik 121
Helmut König

Fake News zwischen Freiheitsrechten und Verantwortung 131
Hendrik Kempt und Saskia K. Nagel

Nichtwissen und Fake News schützen vor Verantwortung nicht.
Medienethische Überlegungen zu epistemischen Verpflichtungen in
der Wissensgesellschaft 145
Carmen Krämer

Teil 3 Fazit: eine medienethische Perspektive

Wie viel Wahrheit braucht die Welt? Ein (medien)ethisches Fazit 159
Claudia Paganini

Autorinnen und Autoren 175

Einleitung

Das „Projekt Leonardo" ist ein interdisziplinäres Studienprojekt für Studierende aller Fakultäten an der RWTH Aachen. In Anlehnung an das Zukunftsmotto der RWTH-Exzellenzinitiative „Meeting Global Challenges" entwickelt das Projekt unterschiedliche Lehrveranstaltungsreihen zu gesellschaftlichen Herausforderungen, die in der Regel interdisziplinär konzipiert, gestaltet und begleitet werden. Im Wintersemester 2020/2021 fand erstmals eine „Leonardo"-Veranstaltungsreihe mit dem Titel „Fake News: Zwischen Fake und Verschwörung" statt. Mit der Ringvorlesung entstand auch die Idee zu dem vorliegenden Sammelband.

Der Begriff Fake News ist längst nicht mehr aus privaten und politischen Debatten wegzudenken. Spätestens mit der US-Präsidentschaft Donald Trumps lässt sich eine geradezu inflationäre Verwendung des Begriffes beobachten. Doch was genau sind Fake News eigentlich? Eignet sich der Begriff als Instrument zur Analyse gegenwärtiger wie historischer Diskurse? Fragen wie diese stehen in diesem Sammelband im Zentrum, wobei der Terminus Fake News aus interdisziplinären Perspektiven beleuchtet wird. Dabei soll unter anderem zu klären versucht werden, seit wann es Fake News gibt, welche Strategien beim Spiel mit Fakten und Fiktion verwendet werden, zu welchem Zweck und mit welcher Intention Fake News genutzt und verbreitet werden, welchen Einfluss sie auf unser Weltbild haben und nicht zuletzt, was sie über unsere Gesellschaft aussagen.

Der Sammelband ist in zwei Teile gegliedert und schließt mit einem medienethisch orientierten Fazit ab. Auf den exemplarischen ersten Teil folgen Beiträge, die sich mit Herausforderungen auf der Metaebene beschäftigen. Während im ersten Teil insbesondere die historische und literarische Dimension von Fake News, sowie Beispiele aus dem politischen, wirtschaftlichen und wissenschaftskommunikativen Kontext in den Blick genommen werden, liegt der Fokus der Beiträge des zweiten Teils auf linguistischen, politikwissenschaftlichen, sozialwissenschaftlichen und ethisch-philosophischen Aspekten. Ein abschließendes Fazit, das Fake News und Verschwörungserzählungen aus einer medienethischen Perspektive betrachtet und analysiert, rundet den Band ab, wobei wiederum die Relevanz von Fake News für die Gegenwart in Zentrum steht.

Die literarische und historische Valenz von Fake News in antiken Texten legt der Bibelwissenschaftler Simone Paganini dar, indem er sich mit zahlreichen Fake-Darstellungen in der Bibel auseinandersetzt. Dabei

Einleitung

stehen exemplarisch die in den Evangelien vermittelten Varianten der Weihnachtsgeschichte im Zentrum, die erklärt und auf Unstimmigkeiten und Ungereimtheiten untersucht werden. Dabei geht es nicht darum, die religiösen Texte zu entkräften, sondern die antiken Schriften in ihren historischen und literarischen Entstehungs-Zusammenhang einzuordnen.

Der Mediävist Max Kerner geht Fake News im Mittelalter nach. Mittelalterliche Fälschungen reichen von urkundlichen Falsifikaten über gefälschte Reliquien bis hin zu erfundenen Wunderberichten und Heiligenbiographien. Anhand der Legende um das angebliche Martyrium der Heiligen Ursula, der Kölner Stadtheiligen, und ihrer 11.000 Gefährtinnen vertieft er die Entstehung und Überlieferung mittelalterlicher Mythen und geht der Frage nach, ob mittelalterliche Fälschungen überhaupt mit heutigen Fake News vergleichbar sind.

Nach einem zeitlichen Sprung vom Mittelalter ins 20. Jahrhundert setzt sich Sönke Hebing, Projektmitarbeiter am Institut für Geschichtswissenschaft in Aachen, mit dem Umgang deutschsprachiger jüdischer Zeitschriften mit antisemitischen Falschbehauptungen auseinander, wobei insbesondere die Zeit nach Kriegsende 1918/19 in den Blick genommen wird. Indem er aufzeigt, wie diese Zeitschriften auf die zunehmende Salonfähigkeit des Antisemitismus reagierten und schließlich resignierten, lenkt er das Augenmerk auf die gesamtgesellschaftliche Verantwortung im Umgang mit Verschwörungstheorien.

Am Beispiel des Mauerbaus in der DDR zeigt die Aachener Historikerin Ines Soldwisch, inwiefern Fake News als Propagandamittel und zur Manipulation in der DDR eingesetzt wurden. Anhand der Berichterstattung der SED-Tageszeitung „Neues Deutschland" (ND) über den Mauerbau am 13. August 1961 erörtert sie, wie die DDR-Regierung gezielt Falschmeldungen und Lügen verbreitete, um das eigene Volk in ihrem Sinne zu lenken.

Auf die Beiträge zur historischen Dimension von Fake News folgt ein Beispiel des Politikwissenschaftlers Ralph Rotte, der sich mit der gezielten Desinformation im Kontext der Kriegsführung auseinandersetzt. In seinem Beitrag unterstreicht er, welch bedeutende Rolle Falschinformationen in weltpolitischen Auseinandersetzungen einnehmen.

Der Fuldaer Soziologe Joachim Allgaier setzt sich in der Folge mit Fake News und Verschwörungstheorien in digitalen Medien auseinander. Dabei zeigt er die Mechanismen auf, die die Verbreitung von Falschinformationen und Verschwörungstheorien vereinfachen und verstärken können. Zudem setzt er sich in seinem Beitrag kritisch mit mangelhaften Qualitätskontrollen und mit der Monetarisierung absichtlicher Falschinformationen auseinander.

Einleitung

Der letzte exemplarische Beitrag befasst sich mit der Wissenschaftskommunikation von Hochschulen. Der Journalist und Pressereferent der RWTH Aachen Thorsten Karbach legt dar, inwiefern die Verbreitung von Falschinformationen einer Institution und ihrer Kommunikation Schaden zufügen kann. Mit konkreten Beispielen aus der alltäglichen Pressearbeit zeigt er außerdem, wo die Grenze einer „objektiven" Kommunikation liegt.

Der zweite Teil dieses Sammelbandes, dessen Beiträge einer reflexiven Metaebene zuzuordnen sind, wird eingeleitet durch einen Beitrag des Linguisten Thomas Niehr. Er analysiert, welchen spezifischen Beitrag seine Disziplin zur Beurteilung von Verschwörungstheorien leisten kann. Anhand ausgewählter Beispiele zeigt er auf, dass sich Verschwörungstheoretiker*innen häufig argumentativer Verfahren bedienen, die auf den zweiten Blick an Überzeugungskraft verlieren und an der Rationalität der jeweiligen Argumentation zweifeln lassen.

Inwiefern Lügen und Täuschungen zu den üblichen Mitteln politischen Handelns gehören, arbeitet der Berliner Politikwissenschaftler Helmut König in seinem Beitrag aus. Dabei betont er, dass intakte Demokratien grundsätzlich gut mit Lügen und Täuschungen zurechtkommen. Für den ehemaligen US-Präsidenten Donald Trump stellte jedoch die Lüge eine Art Lackmustest dar, mit dem das eigene Lager zusammengehalten wurde. Schließlich zeigt das Beispiel Trump, dass die Herausforderung, die Spaltung der Gesellschaft und den Einsatz von Lüge und Täuschung zu überwinden, nicht allein mit Geld und überlegenem Wissen gemeistert werden kann.

Die besondere Signifikanz von Fake News im Wechselspiel zwischen dem Schutz von Freiheitsrechten und der Verantwortungszuschreibung wird durch Hendrik Kempt und Saskia K. Nagel aus philosophisch-ethischer Sicht beleuchtet. In ihrem Beitrag arbeiten die beiden den Prozess der Verantwortungszuschreibung aus, der das Verbreiten von Lügen und Täuschungen an negative Konsequenzen für die Akteur*innen bindet, selbst wenn diese negativen Konsequenzen oft langfristig und multikausal sind.

Auf die Korrelation von Nichtwissen, Fake News und Verantwortung geht schließlich die Philosophin Carmen Krämer ein, indem sie die epistemischen Verpflichtungen in der Wissensgesellschaft medienethisch betrachtet. Hierbei stellt die Bedeutsamkeit der medialen Verfügbarkeit von Wissen innerhalb der Wissensgesellschaft wie auch Aspekte schuldhaften Nichtwissens im Kontext medialer Berichterstattung die Basis ihrer Überlegungen dar.

Einleitung

Der Band schließt mit einem Fazit der Münchner Medienethikerin Claudia Paganini, in dem sie die einzelnen – exemplarischen wie auch systematischen – Beiträge (medien)ethisch beleuchtet und die vielen interdisziplinären Zugänge und Überlegungen zu Fake News, denen sich sowohl Wissenschaftler*innen wie auch Nicht-Wissenschaftler*innen stellen sollten, hervorhebt. Am Ende des Bandes steht somit ein „Herauszoomen" auf einen größeren Kontext bzw. auf das Spannungsfeld von Wahrheit, Lüge, Täuschung und Manipulation sowie ein Ausblick auf (medien)ethische Implikationen.

Vielleicht gelingt es dem vorliegenden Band nicht, eine definitive Ordnung innerhalb der historischen Entwicklung von Begriffen wie Fake News oder Verschwörungstheorien herzustellen, und auch eine vollständige analytische Differenzierung und Systematisierung kann er schwerlich leisten.

Am Ende dieses Sammelbandes bleibt dennoch eine zweifache Erkenntnis: Einerseits – egal aus welcher Fachrichtung die Herausforderung betrachtet wird – sind Fake News und Verschwörungstheorien nicht mehr aus dem sozialen, historischen und literarischen Feld unserer Gesellschaft wegzudenken. Andererseits sind Fake News und Verschwörungstheorien nur ein Teil des philosophischen, (medien-)ethischen, sozialen und politischen Problems. Ein Verkennen oder gar ein Ausblenden ihrer Relevanz wäre fatal.

Dieser Sammelband versteht sich – ganz im Sinne der Ziele und Objektive des „Leonardo"- Projektes an der RWTH Aachen – als ein Beitrag zu diesem interdisziplinären Prozess der Erkenntnis.

Sofia Eleftheriadi-Zacharaki
Sönke Hebing
Gerald Manstetten
Simone Paganini

Teil 1 Konkrete Beispiele zu Fake News und Verschwörungstheorien in Geschichte, Politik und Journalismus

Good News or Fake News?
Zur Erfolgsgeschichte der Weihnachtserzählung

Simone Paganini

Abstract

In den Texten der Bibel finden sich zahlreiche Fake-Darstellungen. Die Weihnachtsgeschichte ist dabei keine Ausnahme. Es gilt diese Fake News zu erkennen, zu untersuchen und zu erklären. Dabei werden die antiken Texte, die für viele Menschen als religiöse Orientierung sehr wichtig sind, und ihre Hintergründe nicht entkräftet, sondern in ihrem historischen und literarischen Zusammenhang korrekt verstanden. Es gibt unterschiedliche Arten von Fake News, aber die Gründe, aus denen sie eingesetzt werden, haben sich im Laufe der Jahrhunderte kaum geändert.

1. Einleitung

Am Anfang der ältesten (der Text entstand um das Jahr 70 n. Chr.) uns überlieferten Biographie Jesu, die traditionell einem gewissen Markus zugeschrieben wird, taucht zum ersten Mal das Wort ‚Evangelium' als Bezeichnung einer literarischen Gattung auf, welche biographische Elemente mit der Wiedergabe von Predigten sowie Gesprächen zwischen Jesus und anderen Menschen verbindet. Ein ‚Evangelium' weist in diesem Sinne die Hauptmerkmale von antiken Biographien (Sonnabend 2002; Frickenschmidt 1997) auf.[1] Mit Ausnahme des Lukasevangeliums, das zunächst zumindest mit der Nennung von Augustus, Quirinius und Herodes um weltgeschichtliche Synchronismen bemüht ist, sind die Evangelien dennoch kaum an einer chronologisch exakten Wiedergabe des Lebens Jesu interessiert.[2]

---

1 In den Evangelien werden grundsätzlich weitestgehend die Stilmittel der antiken Biographie genutzt: eine dreigliedrige Gesamtform, literarische Topoi und die Erzählung eines exemplarischen Lebens, welches als Bereicherung des Lebens der Leser*innen dient.
2 Das Lukasevangelium bringt die drei historischen Gestalten allerdings in einem falschen historischen Kontext zusammen: Als Quirinius Statthalter in der römischen Provinz Syrien war (6. n. Chr.), war Herodes bereits seit etwa zehn Jahren tot (ca. 4. v. Chr.).

In erster Linie handelt es sich um Texte – wie grundsätzlich im Neuen Testament –, die von Glaubensgemeinschaften bzw. gläubigen Menschen für andere Gläubige oder eine andere Gemeinschaft geschrieben wurden. Sie dienen zunächst der Verkündigung einer Botschaft und nur indirekt der Weitergabe historischer Wahrheiten. Im Mittelpunkt der an die frühchristlichen Gemeinden adressierten Texte stehen die Bedeutung und die spezifische Botschaft des stets als auferstanden verstandenen Jesu Christi: er sei der Messias – auf Griechisch der Christus – und er habe die eschatologische Zeit angekündigt.

Ursprünglich bedeutete das griechische Wort ‚*euangélion*' ‚gute Botschaft' oder ‚gute Nachricht' und wurde somit noch nicht als literarische Gattung verstanden. Die positive Mitteilung oder Nachricht beinhaltete eine Information, die auf der qualitativen Ebene als positiver bedeutungstragender Zusammenhang verstanden wurde. Der Apostel Paulus, der als Autor der ältesten Schriften des Neuen Testamentes gilt – sieben Briefe stammen in der Tat von ihm und sind etwa 20 Jahre jünger als das Markusevangelium – verwendet den Begriff noch weitestgehend in diesem ursprünglichen Sinne.[3] Die gleiche Verwendung ist auch in der griechischen Fassung des Alten Testamentes wie auch im üblichen Sprachgebrauch[4] der damaligen Zeit belegt.

Mehrere Inhalte, die in den Evangelien vermittelt werden – wie Wundergeschichten, Engelserscheinungen, fiktive Gespräche und Reden – lassen dennoch die wissenschaftliche Frage zu, ob es sich bei ihnen um „gute" oder doch um „verfälschte Nachrichten", also Fake News, handelt.

Unter Fake News versteht man in diesem Zusammenhang eine Nachricht, die entweder falsch oder irreführend ist und von Menschen verbreitet wird, die eine Täuschungsabsicht verfolgen oder der Wahrheit gegenüber gleichgültig sind. Fake News sind eine Form der Lüge. Sie unterscheiden sich jedoch von Propagandamitteilungen, denn obwohl sie gezielt gesetzte Fehlinformationen verbreiten und ein klares Interesse verfolgen,

---

3 Das *euangelion toū theoū* (Evangelium Gottes) wird im ersten Brief an die Thessalonicher (2,2.8.9), im zweiten Korintherbrief (11,7) und im Römerbrief (1,1; 15,16) erwähnt. Immer wieder kommt auch die Wendung *euangelion toū christoū* (Evangelium von Christus) vor: (erster Brief an die Thessalonicher 3,2; erster Korintherbrief 9,12 und zweiter Korintherbrief 2,12).

4 In der gesamten griechischen und römischen Tradition wird der Begriff *euangélion* im Sinne einer guten Nachricht oder gar einer Freudenbotschaft verstanden. Dies ist bereits auf der steinernen „Kalenderinschrift von Priene" aus dem ersten Jh. v. Chr. der Fall, auf welcher der Geburtstag des vergöttlichten Kaisers Augustus als *euangélion*, als Freudenbotschaft bezeichnet wird.

versuchen sie mit einem „authentischen" Kern die Aufmerksamkeit der Adressaten zu erregen.

Diese moderne Definition trifft auf sehr viele biblische Texte zu (Paganini 2019: 8-16). In der Folge ist es daher notwendig, den Untersuchungsgegenstand einzugrenzen. Die Aufmerksamkeit wird dabei vor allem auf zwei Aspekten liegen: Zunächst soll der Fokus auf der Weihnachtsgeschichte liegen, denn jede biographische Darstellung beginnt mit der Erzählung der Geburtsumstände. Dabei wird vor allem das historische Umfeld beschrieben, in dem die Weihnachtsgeschichte an Bedeutung gewann. In einem zweiten Schritt wird am Beispiel einer Episode aus dieser Geschichte – dem Besuch der ‚drei Könige' beim neugeborenen Jesus in Bethlehem – gezeigt, wie die antiken Autoren absichtlich Fake News produzierten (Paganini/Paganini 2020) und wie diese im Laufe ihrer Wirkungsgeschichte mit weiteren Details ausgeschmückt wurden, wobei dieses Vorgehen kaum Unterschiede zu modernen Fake News aufweist.

In einem abschließenden Schritt soll der Versuch unternommen werden, mittels eines systematischen Ausblicks zu verdeutlichen, wieso das Aufdecken biblischer Fake News lohnenswert ist und das damit nicht zwangsläufig die religiöse Relevanz der Evangelien – also der eigentliche Entstehungsgrund solcher Texte – in Frage gestellt wird. Die zentrale Frage lautet dabei: Was passiert, wenn sich die *„Good News"* als *„Fake News"* entpuppen?

2. Der Erfolg der Weihnachtsgeschichte

Die meisten Biographien der Antike beginnen mit der Darstellung von Ereignissen rund um die Geburt des Protagonisten. Hierbei handelt es sich oftmals um symbolbehaftete Erzählungen, die Grundlegendes für das Leben und Wirken des Helden festhalten. Die Erzählung der Geburt Jesu bildet dabei keine Ausnahme. Dennoch ist die Situation unter Berücksichtigung der Sammlung von Schriften des Neuen Testamentes einigermaßen erklärungsbedürftig.

Neben dem Umstand, dass zu der Geburt Jesu keine nichtchristlichen Quellen existieren, sind auch die biblischen Angaben einigermaßen problematisch. Zwar liegen mit den Briefen des Paulus Texte vor, die in Hinblick auf die Entstehung zeitlich verhältnismäßig nah am Leben Jesu anzusiedeln sind,[5] aber der junge Jesus und damit auch seine Geburt spielen für Paulus so gut wie keine Rolle. Nicht einmal den Namen seiner Mutter nennt er.[6] Auch die vier Evangelien, also die vier biographischen Schriften über Jesus, sind nicht einheitlich. Das Markus- und das Johannesevangelium verschweigen die Geburt Jesu ganz, sodass diese nur im Lukas- und in Matthäusevangelium Erwähnung findet. Doch auch in diesen beiden Werken ist die Sachlage problematisch, denn bereits nach einer oberflächlichen Analyse stellt man schnell fest, dass kaum Gemeinsamkeiten auszumachen sind. Die beiden Evangelien präsentieren schließlich nicht nur eine unterschiedliche Abfolge der Ereignisse, sondern sind auch durch sehr unterschiedliche theologische Absichten geprägt.[7] Außerdem sind die Erzählungen relativ arm an Details. Von der eigentlichen Geburt wird nichts berichtet.

Von daher überrascht es auch nicht, dass in den folgenden Jahrhunderten zahlreiche Autor*innen Motive und Anspielungen, die im Matthäus- bzw. Lukasevangelium eine Rolle spielen, aufnahmen, überarbeiteten, erweiterten und ausschmückten.[8] Dabei spielte das Bestreben, historische Tatsachen weiterzugeben, kaum mehr eine Rolle. Es ging vielmehr darum, Neugierde zu stillen und offene Fragen über Jesus, Maria und Josef zu beantworten. Das, was „wirklich" war, wurde von dem, was hätte sein können oder sollen bzw. von dem, was man gerne gesehen hätte, völlig verschleiert.

Das ist in den zwei Erzählungen, die man im Neuen Testament lesen kann, kaum anders: Die Vermittlung von zuverlässigen, historisch wahren Informationen steht nicht im Vordergrund. Und dennoch: Keine andere Geschichte wirkte innerhalb des sich entwickelnden Christentums derart identitätsstiftend, wie die Weihnachtserzählung.

---

5 Die sieben echten Paulusbriefe werden um das Jahr 50 datiert. Sie sind also etwa zwanzig Jahre nach dem Tod Jesu geschrieben worden.
6 Ein einziges Mal – im Galaterbrief 4,4 – sagt Paulus, dass Jesus von einer Frau geboren wurde.
7 Die Gemeinsamkeiten zwischen den beiden Erzählungen sind in der Tat sehr überschaubar: Die Mutter heißt Maria und hat noch als Jungfrau empfangen, das Kind heißt Jesus und kommt in Bethlehem auf die Welt.
8 Auf diese Weise entstanden die sogenannten apokryphen Kindheitsevangelien. Wie viele solcher Texte es in den ersten Jahrhunderten des Christentums gab, lässt sich heute nicht mehr mit Sicherheit feststellen. Erhalten geblieben sind nur das Protoevangelium des Jakobus, das Evangelium des Pseudo-Matthäus und zwei weitere Kindheitsevangelien, von denen eines auf Syrisch und eines auf Armenisch verfasst ist.

Good News or Fake News? Zur Erfolgsgeschichte der Weihnachtserzählung

Ihre Erfolgsgeschichte beginnt allerdings erst im vierten Jahrhundert mit zwei entscheidenden Veränderungen, welche die Struktur und die inhaltliche Ausrichtung der damals noch recht jungen christlichen Religion unverkennbar beeinflussten: Einerseits nahm die Zahl der Menschen, die sich Christ*innen nannten, stark zu, obwohl die Glaubensvorstellungen und die praktizierten Riten noch sehr unterschiedlich waren. Zugleich wurde das Christentum von einer verfolgten zu einer tolerierten und später sogar zur bevorzugten und von den Machthabern erwünschten Religion.⁹ Einmal ins Licht der Öffentlichkeit gelangt, verbreiteten sich die christlichen Ideen schneller denn je, das Zeugnis der Märtyrer wirkte auf die Menschen überzeugend und inspirierend zugleich.¹⁰

Kaiser Konstantin sah im Christentum eine Religion, welche die Voraussetzungen mitbrachte, seinem Großreich eine innere ideologische Einheit zu geben. Er wollte aber auch eine theologische Einheitlichkeit durchsetzen und berief daher im Jahr 325 das erste ökumenische Konzil ein, eine Versammlung von Bischöfen der staatlich anerkannten Kirche aus seinem gesamten Reich, um wichtige dogmatische Entscheidungen in Bezug auf das richtige Gottesbild endgültig festzulegen. Die große Masse der Menschen, die sich in diesen bewegten Jahren zum Christentum bekannte, konnte allerdings mit den theologischen Spitzfindigkeiten der Kirchenmänner, die sich intensiv mit Trinität, Substanzverständnis und Wesensausformungen Gottes beschäftigen, wenig anfangen. Sie suchten vielmehr nach identitätsstiftenden Erzählungen und nach gemeinschaftsfördernden Ritualen. Die Geschichten aus dem Leben Jesu, von seinen Wundern, Taten und Predigten waren für sie interessant. So rückte das Fest der Geburt des Gottessohnes erst in der ersten Hälfte des vierten Jahrhunderts ins Zentrum des Interesses. Es wurde für die Christ*innen zur Feier der kollektiven Erinnerung daran, dass Gott im Jesuskind Mensch geworden war. Darüber hinaus diente es schließlich dazu, die Komplexität

---

9 Die Christ*innen wagten sich zu der Zeit aus den Katakomben heraus, in denen sie sich während der Verfolgungen durch Kaiser Decius (249–251), Valerian (253–260) und schließlich Diokletian bzw. Galerius (303–310) versteckt hatten.
10 313 einigte sich Kaiser Konstantin mit Licinius, dem Kaiser im Ostteil des Reiches, auf eine uneingeschränkte Religionsfreiheit. 315 wurde die Kreuzigung als Strafe abgeschafft. 319 wurden Tieropfer an römische Götter verboten. 321 wurde der Sonntag arbeitsfrei, nicht einmal Gerichtsverhandlungen durften an diesem heiligen Tag stattfinden. 325 wurden Gladiatorenkämpfe verboten. In den folgenden Jahrzehnten begannen christliche Bischöfe und Mönche einzelne Tempel der alten römischen Gottheiten im ganzen Reich zu zerstören und Andersgläubige zu verfolgen. 394 wurden dann auch die Olympischen Spiele, die den Göttern des Olymps gewidmet waren, verboten.

Simone Paganini

der theologischen Debatten auf eine simple Botschaft zu reduzieren: Gott will unter den Menschen wohnen. Dabei war den Menschen von damals weitestgehend gleichgültig, dass vieles, was in den Berichten über die Geburt Jesu, wenn nicht frei erfunden, zumindest nicht wirklich ‚historisch wahr' war. Fake News wurden nicht verurteilt, da es schlicht schön war an sie zu glauben.

3. Wie sich Fake News in der Weihnachtsgeschichte entwickelten (und warum)

Wenn man die Erzählungen über die Geburt Jesu aus der heutigen Perspektive liest, erscheint es recht eindeutig, dass sie immer wieder und ziemlich plump *gefaked* sind. Man findet nicht nur unbeabsichtigte Fehler und Ungenauigkeiten, sondern auch zahlreiche, mit Vorsatz niedergeschriebene Falschmeldungen. Es ist allerdings wichtig zu betonen, dass nicht alle Fakes gleich zu bewerten sind. In diesem Sinne unterscheiden sich biblische nicht von modernen Fake News. Man erkennt sie relativ schnell, aber um sie richtig zu verstehen, zu enthüllen und schlussendlich auch in einen korrekten Zusammenhang einzufügen, muss man sie genau analysieren. Diese Arbeit ist zeitaufwendig und kompliziert, daher wird in diesem Aufsatz nicht der gesamten Weihnachtserzählung, sondern lediglich einer kurzen Episode darin besondere Aufmerksamkeit geschenkt. Diese findet sich nur im Matthäusevangelium, dennoch hat sie eine sehr interessante und weitreichende Wirkungsgeschichte hinter sich: Die Rede ist von der Erzählung der ‚drei Könige'.

Der Text beginnt mit einer zeitlichen Verortung:

> „Als aber Jesus zu Bethlehem in Judäa geboren war, in den Tagen des Königs Herodes…"[11]

Die Feststellung, dass Jesus zu der Zeit geboren wurde, in der Herodes König war, ist in der Tat die einzige zuverlässige, historisch wahre und kontrollierbare Notiz des gesamten Textes. Weil sie kein Fake ist, wird ihr an dieser Stelle keine besondere Aufmerksamkeit geschenkt. Es ist dennoch wichtig zu betonen, dass gerade diese Bemerkung am Anfang der Erzählung für das Verständnis der gesamten Passage von fundamentaler Bedeutung ist: Fake News bestehen nicht lediglich aus erfundenen Informationen. Je glaubwürdiger sie sind, desto mehr Menschen folgen

---

[11] Dieses und die nächsten Zitate stammen aus dem Matthäusevangelium 2,1–12. Die deutsche Übersetzung basiert auf dem originalen griechischen Text.

ihnen. Es ist daher wichtig, dass die Fake News mit Fakten in Verbindung gebracht werden können. Das ist das Ziel dieser Angabe. Der Geburtsort Bethlehem hingegen dürfte nicht stimmen und nur aufgrund der traditionellen Überzeugung, der Messias müsse in der Stadt Davids geboren werden, an dieser Stelle hinzugefügt worden sein:[12] Die Forschungsgemeinschaft ist sich über die Tatsache, dass Jesus in Nazareth geboren ist, einig (Theißen/Merz 2011: 158).

„…siehe, da kamen Weise aus dem Osten nach Jerusalem, die sprachen: Wo ist der geborene König der Juden? Denn wir haben seinen Stern im Osten gesehen und sind gekommen, ihm zu huldigen."

Himmlische Erscheinungen bei der Geburt von wichtigen Menschen waren in antiken Biografien – wenngleich nicht historisch – durchaus üblich. Dass diese besondere Konstellation der Gestirne von den besten Astronomen der Antike präsentiert wird, ist eine geniale Einfügung des Matthäusevangeliums. Dieses beschreibt nicht einfach ein nettes Märchen über einen sich bewegenden Stern, es beruft sich vielmehr auf die absoluten Experten der damaligen Zeit: Astronomen aus dem Orient. So kann man die griechische Bezeichnung ‚*mágoi*' durchaus verstehen.[13]

Die Weisen – möglicherweise Priester einer persischen Gottheit – aus dem Orient waren in der Lage, zumindest in Bezug auf die Gestirne, die Zukunft zu berechnen. Und weil sie der Meinung waren, dass Götter und überirdische Wesen als Himmelskörper auftraten, war für sie naheliegend, sonderbare und ungewöhnliche Himmelserscheinungen als Beeinflussung des irdischen Lebens zu deuten. Gerade der sich bewegende Stern könnte daher eine reale Begebenheit präzise wiedergeben und somit die Glaubwürdigkeit der gesamten Erzählung untermauern. Im Jahre

---

12 Diese Tradition ist allerdings dem Markus- und dem Johannesevangelium völlig unbekannt. Keine der aus den antiken jüdischen bzw. römischen Quellen bekannten Messias-Gestalten, von denen es sehr viele gab, wird als ein Mann aus Bethlehem beschrieben.

13 In Babylon hatte man bereits Jahrhunderte zuvor wichtige astronomische Beobachtungen fruchtbar gemacht: Man beobachtete den Himmel, um einen Kalender aufzustellen und um die Zeit genau zu bestimmen. Natürlich ging es primär darum, religiöse Rituale und Opferdarbringungen zu regeln, aber in Babylon gab es bereits im 6. Jahrhundert eine Sieben-Tage-Woche, die Dauer des Jahres war präziser berechnet als Jahrhunderte später im römischen julianischen Kalender, der in Europa bis zum 16. Jahrhundert genutzt wurde, und man konnte Sonnen- und Mondfinsternis – sowie die Bewegung der Gestirne – genau vorausberechnen. Die Einteilung des Himmels in zwölf gleich lange Abschnitte, die einen Namen tragen, wird heute noch benutzt und ist als ‚Tierkreiszeichen' bekannt.

7. v. Chr. wurden die Priester aus dem Orient möglicherweise Zeugen einer sogenannten ‚größten Konjunktion'. Jupiter und Saturn werden bei einer solchen, von der Erde aus gesehen, als sehr nah und besonders hell wahrgenommen. Von Osten betrachtet war es durchaus möglich, diese Gestirnerscheinung über Bethlehem zu verorten.

> „Als aber König Herodes es hörte, war er entrüstet und ganz Jerusalem mit ihm; und er versammelte alle Hohenpriester und Schriftgelehrten des Volkes und erkundigte sich bei ihnen, wo der Christus geboren werden solle. Sie sagten ihm: In Bethlehem in Judäa; so steht durch den Propheten geschrieben: «Und du, Bethlehem, Land Juda, bist keineswegs die geringste unter den Führern Judas; aus dir nämlich wird ein Führer hervorkommen, der mein Volk Israel hüten wird.» Dann rief Herodes die Weisen heimlich und erforschte genau von ihnen die Zeit der Erscheinung des Sternes. Und er sandte sie nach Bethlehem und sprach: Zieht hin und forscht genau nach dem Kind! Wenn ihr es aber gefunden habt, so berichtet es mir, damit auch ich komme und ihm huldige."

Die Fortsetzung der Erzählung verdeutlicht musterhaft, wie der gefakten Darstellung – zumindest in den Augen der ursprünglichen Adressaten des Textes – noch mehr Gewicht verliehen wurde. Zunächst ist interessant zu beobachten, dass Herodes als unwissender König der Juden präsentiert wird. Von einer Prophetie, die sich angeblich mit seiner Nachfolge beschäftigte, wusste er nichts. Dies zeigt zunächst, dass Interpretationen von antiken Prophezeiungen oft nicht eindeutig waren. Erst als die Weisen aus dem Orient ihre Interpretation des Sterns vorlegen, schenken ihnen die jüdischen Schriftgelehrten Gehör. Die frühchristliche Polemik des Matthäusevangeliums ist nicht zu übersehen (Luz 1993)[14]: Fremde verstehen mehr, wenn es um die messianische Rolle Jesu geht.

Deutlich problematischer ist an dieser Stelle die Schilderung der Gestalt Herodes, die hier zum ersten Mal aktiv auftritt. Als Jesus geboren wurde, regierte er seit mehr als 30 Jahren in Jerusalem und hatte herausragende politische und diplomatische Fähigkeiten bewiesen. Während seiner Regentschaft herrschte jahrzehntelang Frieden, die Römer mischten sich kaum in die Angelegenheiten Judäas ein, das Land erlebte einen gewalti-

---

14 Die moderne Forschung identifiziert solche Passagen als innerjüdische Polemik, da in der Zeit, als sie verfasst wurden, eine Auseinandersetzung zwischen Kirche und Synagoge völlig anachronistisch war. Leider ist das Matthäusevangelium im Laufe der Geschichte des Christentums vielfach als Basis für antisemitische Äußerungen verwendet worden.

gen wirtschaftlichen Aufschwung. Herodes hatte unbeschadet den Wechsel von der Republik zum Prinzipat in Rom überstanden, sein Reich als eine Bastion der römischen Herrschaft im Orient etabliert. Als ‚Halbjude' – seine Familie stammte aus Idumäa – war es ihm gelungen, die priesterliche Aristokratie am Jerusalemer Tempel von sich zu überzeugen. Die gigantischen architektonischen Projekte, aber auch seine Weitsicht in Politik und Verwaltung hatten ihm den Beinamen „der Große" eingebracht. Der jüdische Historiker Flavius Josephus – der in seinen Schriften allerdings auch gerne Fake News verbreitete – zeichnet ein sehr negatives Bild von Herodes. Besorgt um seine Macht ließ dieser drei seiner erwachsenen Kinder, die nach dem Thron trachteten, umbringen.[15] Er machte sich Sorgen um seine Nachfolge. Dass er von einer einschlägigen Prophetie nichts wusste, ist schwer zu glauben. Bereits hier beginnt das Matthäusevangelium mit einem offensichtlichen Fake, um die historische Figur Herodes negativ zu zeichnen. Die wörtlich wiedergegebenen Gespräche sind natürlich auch nicht historisch. Es handelt sich um glaubwürdige, aber nicht reale literarische Ausschmückungen der Erzählung – auch heute noch einer der häufigsten Gründe für Fake News.

„Nachdem sie den König gehört hatten, zogen sie weiter. Und siehe, der Stern, den sie im Osten gesehen hatten, ging vor ihnen her, bis er kam und oben über der Stelle stand, wo das Kind war. Als sie aber den Stern sahen, freuten sie sich sehr mit großer Freude. Und gehend in das Haus sahen sie das Kind mit Maria, seiner Mutter, und sie fielen nieder und huldigten ihm; und sie öffneten ihre Schätze und opferten ihm Gaben: Gold und Weihrauch und Myrrhe."

In der nächsten Passage erreicht der Erzählstrang rund um den sich bewegenden Stern seinen Höhepunkt. Wenn es bis hier noch möglich war, den Stern von Bethlehem mit einer realen Himmelserscheinung in Verbindung zu bringen, wird nun klar, dass die Darstellung nur symbolisch zu deuten ist. Sterne können sich nicht bewegen, wie im Text beschrieben und deshalb können sie auch nicht über einem Haus stehen bleiben. Die Vorstellung von wandernden Sternen entspricht allerdings dem Wissensstand der Entstehungszeit des Textes. Es handelt sich also um einen Fake, jedoch nur aus der Perspektive der modernen Leser*innen.

---

15 Herodes traute Aristobul, Alexander und Antipater Umsturzpläne zu. In Rom – so zumindest dem Bericht des römischen Autors Macrobius (Saturnalia 2,4,11) zufolge – spottete man daher, am Hof des Herodes sei es besser ein Schwein zu sein als ein Sohn, denn ein Schwein würde Herodes als Jude ja nicht essen dürfen und daher auch nicht töten.

Die richtigen Fake News dieser Passage sind vielmehr in der Wirkungsgeschichte des Textes zu finden. Weil die *mágoi* drei (symbolische) Geschenke mitbringen, ging man davon aus, dass es sich auch um drei Menschen gehandelt haben müsse.[16] Zu Königen wurden die Magier erst irgendwann im 6. oder 7. Jahrhundert. Anspielungen auf Texte aus dem Alten Testament und vor allem das Bestreben, ein würdiges Umfeld für den neugeborenen Jesus zu schaffen, führten wahrscheinlich zu dieser Entwicklung.

„Und als sie wie im Traum eine göttliche Weisung empfangen hatten, nicht wieder zu Herodes zurückzukehren, zogen sie auf einem anderen Weg hin in ihr Land. Als sie aber hingezogen waren, siehe, da erscheint ein Engel des Herrn dem Joseph wie im Traum sagend: Steh auf, nimm das Kind und seine Mutter zu dir und fliehe nach Ägypten, und bleibe dort, bis ich es dir sage! Denn Herodes wird das Kindl suchen, um es umzubringen. Da stand er auf, nahm das Kind und seine Mutter in der Nacht zu sich und zog hin nach Ägypten. Und er war dort bis zum Tod des Herodes, damit erfüllt würde, was von dem Herrn geredet ist durch den Propheten, der spricht: «Aus Ägypten habe ich meinen Sohn gerufen.»"

Dass Träume von Göttern genutzt werden, um mit Menschen zu kommunizieren, ist kein Alleinstellungsmerkmal der Bibel, sondern ein literarischer Topos, der in der gesamten Literatur der Antike und Spätantike zu beobachten ist (Latacz 1984). Die Realisierung von Josefs Traum wird mit einem expliziten Zitat aus dem Alten Testament beendet, welches das Geschehen als Erfüllung einer alten Prophetie erscheinen lässt. Dass hier deutlich mit literarischen Mitteln gearbeitet wird und dass ein ursprüngliches reales Geschehen nicht im Vordergrund steht, ist offensichtlich. Zwei miteinander verbundene wesentliche Aspekte von Fake News kommen in der Fortsetzung der Erzählung zum Vorschein. Auf der einen Seite ist der Umgang mit der historischen Wahrheit weitestgehend frei, denn auch die Vorstellung, dass wichtige Persönlichkeiten kurz nach der Geburt in Gefahr schweben, ist wiederum ein Topos der antiken Literatur und muss nicht unbedingt eine wahre Begebenheit widerspiegeln. Darüber hinaus ist der Bezug zu Ägypten sehr interessant, denn um aus dem Einflussgebiet des Herodes zu fliehen, hätte Josef nicht eine derartige, durchaus gefährliche und unbequeme, lange Reise unternehmen müssen.

---

16 Der erste, der auf diese Idee kam, war der berühmte frühchristliche Theologe und Kirchenmann Origenes im 3. Jh. n. Chr.

Sehr wahrscheinlich dient die Ergänzung dieses Abenteuers dazu, eine sich in Ägypten entwickelnde frühchristliche Gemeinde zu legitimieren, indem die Geburt Jesu mit Ägypten in Verbindung gebracht wird. Es handelt sich dennoch nicht um eine Verzerrung der Wahrheit. Eine kausal verstandene Wahrheit ist vielmehr für die Botschaft, die man vermitteln will, völlig irrelevant. Fakes dienen als Bestätigung und als Ausschmückung.

„Dann als Herodes sah, dass er von den Weisen hintergangen worden war, wurde er zornig; und er sandte hin und ließ alle Jungen töten, die in Bethlehem und in allen ihren Regionen waren, von zwei Jahren und darunter, nach der Zeit, die er von den Weisen genau erforscht hatte. Da wurde erfüllt, was durch den Propheten Jeremia geredet ist, der sprach: «Eine Stimme ist in Rama gehört worden, Weinen und viel Wehklagen: Rahel beweint ihre Kinder, und sie wollte sich nicht trösten lassen, weil sie nicht mehr sind.»"

Wiederum dient ein Erfüllungszitat aus dem Alten Testament dazu, die letzte und bekannteste schreckliche Handlung des Herodes zu stigmatisieren. Die Wirkungsgeschichte dieser Erzählung bestimmt bis heute die historische Erinnerung an Herodes im Allgemeinen.

Die Episode ist wohlbekannt: Als Herodes von den Weisen aus dem Orient hintergangen wird, plant er, den möglichen Thronkonkurrenten umgehend auszuschalten und lässt, da er nicht weiß, wo er das Kind finden kann, kurzerhand alle Jungen im entsprechenden Alter umbringen. Das ein derartiges Massaker wirklich stattgefunden hat und ob Herodes überhaupt Kenntnis von der Geburt Jesu hatte, kann aus heutiger Sicht durchaus bezweifelt werden. Denn nur das Matthäusevangelium erzählt die grausame Geschichte. Andere zeitgenössische Quellen gibt es nicht. Besonders auffällig ist aber, dass ausgerechnet der jüdische Historiker Flavius Josephus, der – wie bereits betont – besonders bemüht war, die Grausamkeit eines ansonsten erfolgreichen und beliebten Königs Herodes zu belegen, den vermeintlichen Kindermord mit keinem Wort erwähnt. Wenn diese Geschichte tatsächlich real gewesen wäre, hätte sie sich Flavius Josephus sicher nicht entgehen lassen. Die tatsächliche Ermordung der eigenen erwachsenen Kinder durch Herodes könnte zwar der historische Hintergrund gewesen sein, der die Autoren des Matthäusevangeliums mehr als ein halbes Jahrhundert später zur Erfindung des Kindermordes von Bethlehem veranlasste, die Episode spielt aber vielmehr bewusst mit dem Motiv der Gefährdung von wichtigen Menschen bei der Geburt, ein Motiv, das in den Legenden rund um wichtige Persönlichkeiten sehr häufig anzutreffen ist: Moses, aber auch Romulus und Remus, Alexander der Große, Herkules und viele andere wichtige Gestalten der antiken Welt sahen sich – zumindest in den um sie gewobenen Mythen – unmittelbar nach ihrer Geburt mit einem schier unbezwingbaren Feind konfrontiert, konnten der Bedrohung aber auf wundersame Weise entgehen.

4. Ein Ausblick: Fake News sind nicht gleich Fake News

Am Ende dieses kurzen Überblicks über verschiedene Formen der Fake-Darstellungen innerhalb einer grundsätzlich auf historischen bzw. historisch glaubwürdigen Daten basierenden Erzählung innerhalb der Weihnachtsgeschichte, kann nun die Frage nach der Relevanz und nach der Bedeutung einer Untersuchung zu Fake News in Zusammenhang mit Texten gestellt werden, die einen religiösen Hintergrund aufweisen. Diese Texte haben eine Wirkungsgeschichte, die deutlich über den bloßen historischen Wert des Berichtes hinausgeht. Diese Frage wird selbstredend unterschiedlich – mehr oder weniger auch ideologisch – beantwortet, je nachdem, ob man diese religiösen Texte grundsätzlich disqualifizieren will oder sie doch als wichtig erachtet.

Für die eingangs gestellte Frage ist zunächst außerordentlich wichtig – jenseits jeder fundamentalistischen Interpretation – eine grundlegende Unterscheidung zwischen der Bedeutung von Fake News in der modernen Gesellschaft und der Bedeutung von verfälschten Notizen in antiken Texten, wie der Bibel, festzuhalten. Oft ist bei antiken Autoren keine Täuschungsabsicht vorhanden. Meist – vor allem, wenn es um technisches Wissen geht – sind mangelnde Kenntnisse für die vermeintlichen Fake News verantwortlich.[17] Darüber hinaus sind viele Passagen zwar absichtlich als Fake niedergeschrieben worden. In der damaligen Zeit wurden die Fälschungen aber als unproblematisch angesehen.[18]

Von echten, absichtlichen Fake News kann man hingegen immer dann sprechen, wenn historische Gegebenheiten, die gut bekannt waren, mit einer bestimmten Intention beschrieben und verfälscht wurden. Wie der Text des Matthäusevangeliums mit der Figur des Herodes umgeht, belegt, dass Fake News durchaus genutzt wurden, um politische Gegner abzuwerten – so wie in unserer heutigen Gesellschaft.

---

17 Die Darstellung des Sterns von Bethlehem ist in diesem Zusammenhang musterhaft. Die Darstellung im Matthäusevangelium entspricht dem damaligen Wissensstand.
18 Die Wiedergabe von den Reden des Herodes oder die Bedeutung, die Träumen zugemessen wird, sind in diesem Zusammenhang zu nennen.

In den Texten des Neuen Testamentes gibt es noch eine weitere Kategorie von Fake News. Es sind die skurrilsten und gleichzeitig bekanntesten Fakes der Bibel. Es sind sozusagen Fake News von Fake News, d.h. nicht nur die Aussage ist falsch, nein, sie kommt nicht einmal in der Bibel vor. In der Weihnachtsgeschichte ist dies der Fall bei der Erzählung der ‚drei Könige'. Die Weisen aus dem Orient kommen als ‚drei Könige' nirgends vor. Ihre leiblichen Reste werden dennoch als Reliquien im Kölner Dom verehrt. Auch dies ist eine sehr spannende Entwicklung von Fake News. Wenn sie literarisch gut durchdacht sind, kann es sogar passieren, dass sie nicht von der Realität entkräftet werden, sondern dass die Realität an sie angepasst wird.

Insgesamt ist die Weihnachtsgeschichte eine kluge, literarisch kunstvoll gestaltete Konstruktion, die historische Sachverhalte, mythische Motive und religiöse Erwartungen in geschickter Weise miteinander verknüpft. Wie im Fall von modernen Fake News gilt auch bei antiken Erzählungen das Prinzip, dass man Fake News erkennen, untersuchen und auch korrigieren sollte (Schicha 2019: 98).

Wenn man dennoch eine besondere Rolle der Evangelien als religiöse ‚gute Nachricht' in Betracht zieht, kann man abschließend noch die Frage stellen, ob etwas unbedingt ‚wahr' sein muss, um geglaubt zu werden. Aus meiner Sicht lautet die Antwort: Nein. Glaube ist deshalb Glaube, weil er – trotz Überlegungen, die seit Jahrhunderten angestellt werden – nicht wirklich rational erklärt werden kann. Aus heutiger Sicht gehören gefakte Darstellungen dazu. Es ist aber möglich, diese Texte zu untersuchen und darin sowohl die Fake News zu erkennen, als auch die Aspekte herauszuarbeiten, die nach methodisch sauberen literarischen und historischen Untersuchungen verwendet werden können, um historisch korrekte Informationen zu rekonstruieren.

Literaturverzeichnis

Ebner, Martin (2011): Das Markusevangelium und der Aufstieg der Flavier. Eine politische Lektüre des ältesten „Evangeliums". In: Bibel und Kirche 2, 64–69.

Frickenschmidt, Dirk (1997): Evangelium als Biographie – die vier Evangelien im Rahmen antiker Erzählkunst. Francke: Tübingen.

Latacz, Joachim (1984): Funktionen des Traums in der antiken Literatur. In: T. Wagner-Simon / G. Benedetti (Hg.): Traum und Träumen. Traumanalysen in Wissenschaft, Religion und Kunst. Vandenhoeck und Ruprecht: Göttingen, 10–31.

Luz, Ulrich (1993): Der Antijudaismus im Matthäusevangelium als historisches und theologisches Problem. Eine Skizze. In: Evangelische Theologie 53/4, 310–327.

Paganini, Simone (2019): Von Evas Apfel bis Noahs Stechmücken. Fake News in der Bibel. Herder: Freiburg.

Paganini, Simone / Paganini, Claudia (2020): Von wegen Heilige Nacht! Der große Faktencheck zur Weihnachtsgeschichte. Gütersloher Verlagshaus: Gütersloh.

Schicha, Christian (2019): Medienethik. Grundlagen – Anwendungen – Ressourcen. UVK Verlag: München.

Sonnabend, Holger (2002): Geschichte der antiken Biographie. Von Isokrates bis zur Historia Augusta. Springer: Stuttgart.

Theißen Gerd / Merz, Annette (2011): Der historische Jesus: Ein Lehrbuch. (4. Auflage). Vandenhoeck & Ruprecht: Göttingen.

Mittelalterliche Fake News?
Zum Mittelalter als Welt der Fälschungen

Max Kerner

Abstract

Das europäische Mittelalter gilt als eine Welt der Fälschungen. Die Befunde sind erdrückend. Zahllose Urkundenfalsifikate, unechte Papstbriefe, die Fälschungen im Gewand der Frömmigkeit (Reliquien und Heiligenviten) lassen nach den Gründen ihrer Entstehung und ihrer Akzeptanz fragen. Am Beispiel der Legende der heiligen Ursula und ihrer 11.000 Jungfrauen wird diesen Fragen nachgegangen: anhand der Texte, Bilder und baulichen Zeugnisse, die diese Geschichte in gläubiger Verehrung oder kirchenkritischer Überzeichnung erzählen, dann aber auch anhand der spätantiken Inschriften, der Passions- und Predigttexte um das Jahr 1000, der hochmittelalterlichen Gräberfunde und Visionen, die es wissenschaftlich zu analysieren gilt. Verschiedene Erklärungsansätze lassen sich erkennen: gesteigertes Heilsbedürfnis, unreflektierte Wunderglaübigkeit, wirtschaftliche Vorteile beim Reliquienhandel sowie bewusste Fälschungsversuche. Am Ende wird zwischen den Fälschungen von gestern und heute zu unterscheiden sein, zwischen den alternativen Wirklichkeiten der Fake-News und den fabrizierten Konstrukten eines gläubigen Mittelalters.

1. „Von der Wahrheit der Fälscher" – Erste Befunde und Fragen

„Von der Wahrheit der Fälscher", einer zunächst irritierenden Leitidee, handelte 1986 in München ein internationaler Mediävisten-Kongress der *Monumenta Germaniae Historica*, der vielleicht renommiertesten Institution zur Erforschung des Mittelalters. Eine stattliche sechsbändige Publikation veröffentlichte dessen Vorträge und Referate über Literatur und Fälschungen, über gefälschte Rechtstexte, über Urkunden-Falsifikate, über fingierte Briefe, über Frömmigkeit und Fälschungen sowie über den bestraften Fälscher. „Der Befund ist für jeden historischen Laien schockierend", so schrieb damals Günther Gillessen (FAZ Nr. 221 1986) – von den Urkunden der Merowinger sei mindestens die Hälfte gefälscht und unter den rund 270 Urkunden Karls des Großen (768–814) seien ungefähr 100 als unecht anzusehen. Nicht viel anders steht es mit den frühen Papstbriefen. Der erste zweifelsfrei echte päpstliche Erlass stammt aus dem Jahr 385; mehrere hundert gefälschte Stücke geben vor, älter zu sein (Fuhrmann 2000: 196 u. 212 sowie Abb. 1).

Abbildung 1: Illumination zum Anfang des ersten Pseudo-Clemens-Briefs. Bischof Clemens von Rom überreicht dem Jerusalemer Bischof Jakobus einen Brief mit Anweisungen des hl. Petrus. HS. Brüssel, Bibliotheque Royale II 2532 (2496).

Sie sind der Wissenschaft als unechte Papstbriefe eines gewissen Pseudo-Isidor (Deckname des fiktiven Verfassers) aus der Mitte des 9. Jahrhunderts bekannt – aus rund 10.000 echten Zitaten der Bibel, der Kirchenväter, der Konzilien und des römischen Rechts mosaikartig zusammengetragen und mit eigenen Zusätzen durchsetzt. Für den Papsthistoriker Johannes Haller galten sie als „die größten, die dreistesten, die folgenreichsten Fälschungen, die jemals gewagt wurden" (Haller 1965: 45).

Zu den berühmtesten Urkundenfälschungen gehört die Konstantinische Schenkung, nach der Kaiser Konstantin (306–337) zu Beginn des 4. Jahrhunderts dem damaligen Papst Silvester (314–335) den Primat der römischen Kirche über alle Kirchen der Christenheit sowie neben den kaiserlichen Herrschaftszeichen (Abb. 2) und dem Lateranpalast in Rom auch umfangreiche Besitzungen übertragen habe, insbesondere die Macht und den Befehl über die Stadt Rom, Italien und den gesamten Westen (des Römischen Reiches), um selbst seine Herrschaft nach Osten mit der Residenz in Byzanz (=Konstantinopel, heute Istanbul) zu verlagern.

Abbildung 2: Illustration zur Konstantinischen Schenkung. Kaiser Konstantin übergibt Papst Silvester die kaiserliche Paradehaube (Phrygium), das Zeichen der weltlichen Herrschaft. Rom, SS. Quattro Coronati, Silvesterkapelle (1246).

Nach allem, was man heute weiß, dürfte diese angeblich Konstantinische Schenkungsurkunde in der 2. Hälfte des 8. Jahrhunderts, genauer zwischen 750 und 770 entstanden sein (anders Fried 2007). Vielleicht waren es Mitglieder der päpstlichen Kapelle, die einen bis dahin fehlenden Rechtstitel für den sich in dieser Zeit ausbildenden Kirchenstaat schaffen wollten, möglicherweise aber auch römische Geistliche der Lateranbasilika, die die damals wiederauflebende kultische Verehrung von Konstantin und Silvester mit einer farbenprächtigen Legende auszuschmücken suchten (Kerner 1981/82: 39ff.).

Zu unserem Thema gehören aber nicht allein solche urkundlichen und rechtlichen Falsifikate, sondern auch die zahllosen Fälschungen im Gewand der Frömmigkeit wie die gefälschten Reliquien (vom sogenannten Turiner Grabtuch bis hin zu den Aachener Heiligtümern und anderem mehr) oder auch die erfundenen Wunderberichte und Heiligenviten. Die Taten der heiligen Genoveva, der Schutzpatronin von Paris und Gründungsheiligen des dortigen Pantheons, oder die angeblich 11.000 Gefährtinnen der heiligen Ursula, die von den Hunnen ermordet worden sein sollen, sind allesamt erfunden (Fuhrmann 2000: 196f.). Ähnlich steht es mit der delikaten Fabel von der Päpstin Johanna, angeblich aus der Mitte des 9. Jahrhunderts, die die Phantasie der Nachwelt um die Anekdote einer durch diesen Frauen-Pontifikat notwendigen Geschlechtsprüfung (*habet quod debet*) bereichert hat. Eine bedeutende Wundergeschichte ist auch die Erzählung über den heiligen Jakobus, der sich in der mittelalterlichen Legendentradition vom Apostel und Spanien-Missionar zu einem ‚Maurentöter' (*Matamoros*) entwickelte und bis heute in Santiago di Compostella (aber nicht nur dort, sondern etwa auch in Toulouse: *Das kann doch nicht der wahre Jakob sein!)* verehrt wurde und wird.

Insgesamt erdrückende Befunde, die danach fragen lassen: Waren es fromme Fabuliersucht und naive Gläubigkeit, handfestes Zweckdenken und skrupellose Verschlagenheit, die hier am Werke waren? „Wie konnte das Mittelalter so viele Fälschungen hervorbringen, und wie konnte es so viele Fälschungen hinnehmen?", hat Horst Fuhrmann (1926–2011), der langjährige Präsident der bereits erwähnten Münchener *Monumenta Germaniae Historica,* gefragt (Fuhrmann 1972: 76). Vorschnelle Verurteilungen oder umgekehrt eine Generalabsolution helfen hier kaum weiter. Fälscherkonfessionen sind zudem eher selten und berichten bestenfalls von der Reue des Täters. Eine griffige Erklärung scheint es kaum zu geben – es sei denn, man übernimmt die These vom frommen Betrug *(pia fraus),* die der Rechtshistoriker Fritz Kern (1884–1950) heranzog, um die massenhafte Fälscherei im Mittelalter zu erklären.

> „Ich bin überzeugt, wenn es sich auch mangels Fälscherkonfessionen des Mittelalters schwer quellenmäßig belegen lässt, dass manch ein für sein Kloster Urkunden komponierendes Mönchlein [...] in seinem Maulwurfsbau sich den Himmel verdient hat. War es nicht sozusagen aus Vernunft, Rechtsgefühl, leisen oder lauten Überlieferungen ... klar und einleuchtend, dass jener Acker [...] so geschnitten ist, dass er zu dem anstoßenden Klostergut ursprünglich gehört haben *muss?* Ist nicht klar, dass Konstantin, als er nach Neurom ging, in Altrom den Papst zum Erben einsetzen *musste?"*
> (Kern 1958: 49)

Hier geht es um die Korrektur der rechten Ordnung im Sinne der Billigkeit.

Vor dem Hintergrund dieser ersten Befunde und Fragen gilt es an einem ausgewählten Beispiel das mittelalterliche Fälschungsproblem genauer zu analysieren und zu erklären. Ausgewählt werden soll dazu aus dem Bereich der Frömmigkeitsfälschungen die Ursula-Legende aus dem nahen Köln.

2. „Sich den Himmel verdienen". Zur Legende der heiligen Ursula und ihren 11.000 Jungfrauen: Ein Vertiefungsbeispiel

Die Geschichte der heiligen Ursula und ihrer 11.000 Gefährtinnen ist in zahlreichen Texten, Bildern und baulichen Zeugnissen überliefert. Der bekannteste Text findet sich in der hochmittelalterlichen *legenda aurea,* einer Sammlung von Heiligenviten, die um 1263/67 der Dominikaner und spätere Erzbischof von Genua Jacobus de Voragine zusammengestellt hat. In mehr als tausend Handschriften überliefert und bald auch in die Volkssprachen übertragen, diente diese *legenda aurea* der spirituellen Meditation und geistlichen Predigt. Nach dieser Tradition wird „Ursula, Tochter eines britischen Königs, vom Sohn des heidnischen Königs von England zur Gemahlin begehrt. Da bei Ablehnung des Antrags eine kriegerische Auseinandersetzung drohte, bittet sie, der Jungfräulichkeit geweiht, um einen dreijährigen Aufschub. In dieser Frist soll der Heidenprinz den christlichen Glauben annehmen. Sie selbst begibt sich mit 11.000 Jungfrauen auf Meerfahrt, wobei ihr das Martyrium vorausgesagt wird. Zu Schiff gelangt die Schar nach Köln und Basel und pilgert von dort zu Fuß nach Rom. Bei der Rückkehr nach Köln erleiden sie zusammen mit dem legendären Papst Cyriakus und anderen Begleitern den Märtyrertod" (Lex. d. MA. Bd. 8, 1997, Sp. 1332f.).

Die Ursula-Legende hat auch viele Künstler, nicht zuletzt in Köln, angeregt, „sich der Legende anzunehmen und sie in Bilder zu fassen". Diese „erstaunliche Karriere" einer Kölner Heiligen hat Mario Kramp, Direktor des Kölnischen Stadtmuseums, nachgezeichnet (Kramp 2012: 43–61): Als Einzelfigur im Sinne einer Schutzmantel-Heiligen oder Fürsprecherin, als Gemäldezyklus zum Teil mit der Stadt Köln als Hintergrund des Martyriums sowie als Thema der italienischen Malerei vom Spätmittelalter bis in die Neuzeit. Beispielhaft sei hier der Ursula-Schrein des Hans Memling (gest. 1494) für das Sint Jans – Hospital in Brügge (vor 1489) ausgewählt (Abb. 3).

Abbildung 3: Ursulaschrein des Hans Memling (vor 1489). Sint-Jans Hospital Brügge.

Hier werden auf beiden Langseiten des Schreins in jeweils drei Szenen die Reise der Ursula und ihrer Gefährtinnen von Köln über Basel nach Rom und zurück sowie das Martyrium in Köln meisterhaft erzählt, letzteres vor dem Hintergrund der spätmittelalterlichen Kölner Stadtsilhouette (halbfertiger Dom mit dem berühmten Holzkran auf dem Südturm).

Unmittelbar lebendig wird die Ursula-Legende in der Kölner Stiftskirche St. Ursula (früher ein Damenstift, *monasterium beatarum virginum*, dessen Kirche erst seit dem 17. Jahrhundert der heiligen Ursula gewidmet ist). In diesem heute romanisch-gotischen Kirchenbau mit seiner wechselvollen Geschichte seit der Spätantike finden sich das vermutete Ursula-Grab, ihr Reliquienschrein und der ihres Verlobten Aetherius, der spätmittelalterliche Ursula-Zyklus eines unbekannten Malers aus dem Umkreis der Werkstatt Stephan Lochners (1456 gestiftet), die wahrscheinlich spätantike Clematius-Inschrift (über die noch zu reden sein wird) und schließlich die frühneuzeitliche Goldene Kammer (1643). In dieser einstigen Andachtskapelle (heute mehr ein musealer Erinnerungsraum) mit ihren über hundert spätmittelalterlichen und barocken Reliquienbüsten finden sich zahllose Knochen, die in den Schildbögen zu geometrischen Formen und Buchstaben gestaltet sind. Diese Gebeine stammen aus dem nahe gelegenen sogenannten *ager Ursulanus* (ursprünglich ein großes römisches Gräberfeld), in dem man die sterblichen Überreste der 11.000 Jungfrauen gefunden glaubte. Mit einem solchen Reliquienraum wollte man in der Barockzeit den Jungfrauenkult in der Volksgläubigkeit verankern, gleichzeitig aber auch die Vergänglichkeit alles Irdischen verdeutlichen. In der Aufklärung fand man diese Knochenornamentik „scheußlich und empörend" (G. Foerster 1791). Für Mario Kramp bewirkt ihr Anblick „Schauer und Entsetzen" (Kramp 2012: 115).

Diese heute verblassende Heiligenverehrung ist aber nur die eine Seite der Kölner Ursula, die andere betrifft ihre Rolle in der Stadtgeschichte Kölns sowie in der kölnischen Lebensart. Als der Kabarettist Jürgen Becker vor gut 25 Jahren in seinem „Biotop für Bekloppte, einem Lesebuch für Immis und Heimathirsche" die Historie Kölns beschrieb, begann er mit zwei wichtigen Frauen: der Stadtgründerin Agrippina der Jüngeren (gest. 59 n. Chr.) und der Stadtpatronin Ursula („et Ulla"). An beide wird bis heute in der Figur der Jungfrau des karnevalistischen Dreigestirns erinnert: Deren römisches Gewand ist auf der Brust mit dem Stadtwappen Kölns geschmückt, das im unteren Teil in Erinnerung an die 11.000 Jungfrauen elf Flammen (oder Blutstropfen) zeigt. Jürgen Becker hat für seine kabarettistische Ursula-Legende den erwähnten spätmittelalterlichen Bildzyklus aus St. Ursula als Leitlinie gewählt (Abb. 4): „Die Bilder, die Sie hier sehen, können Sie übrigens im Original in der Ursulakirche besichtigen. Das ist ja quasi ein früher Comic. Nur, dass die damals noch keine Sprechblasen hatten. Die haben das alles in die Fußleiste reingeschrieben. Unten steht das alles auf lateinisch, was ich Ihnen hier erzähle" (Becker/Stankowski 1995: 39).

Abbildung 4: Römische Taufe der heiligen Ursula und ihrer Gefährtinnen durch den legendären Papst Cyriakus. Großer Ursula-Zyklus (gestiftet 1456). Köln, St. Ursula.

2012/13 hat der Comic-Zeichner Ralf König in Form eines Buches („Das Ursula-Projekt. Elftausend Jungfrauen", König 2012) sowie einer Ausstellung im Kölnischen Stadtmuseum seine Sicht auf Kölns Stadtpatronin und ihre Gefährtinnen präsentiert. „Diese Ausstellung war ein ungewöhnliches Wagnis" (Kramp 2012: 9), bei dem historische Darstellungen der heiligen Ursula (Gemälde, Skulpturen und Grafiken aus dem Mittelalter, dem Barock und dem 19. Jahrhundert) mit Ralf Königs provozierenden Zeichnungen der „frommen und weniger frommen Klosterbrüder, [der] erotisch ausgehungerten Jungfrauen, eines umtriebigen Papstes und eines urkölschen Oberbürgermeisters" (Ausstellungsankündigung) konfrontiert wurden. Zur Eröffnung dieser Ausstellung war der Kölner Karneval hochkarätig vertreten mit den Jungfrauen verschiedener Dreigestirne sowie der „1. Kölner Hunnenhorde 1958". Eine solche Mischung von Karnevalskultur und Heiligen- und Reliquienverehrung hatte Ralf König auch bei einem jährlichen Ursula-Fest (21. Oktober) erlebt: Hier Weihrauch und Kirchenlieder, dort eine singende Prozession um den Ursula-Schrein, der von einer Kölner Karnevalsgesellschaft getragen wurde – eine kaum zu verstehende „kölnische Dialektik [...], eine Ahnung von Transzendenz: unerklärlich, der Vernunft entzogen, mit Humor zu sehen und – schön" (Kramp 2012: 33). Für Ralf König aber war der springende Punkt und aktuelle Bezug, warum er diese Legende 2012 zeichnen wollte, klar: „Es geht im Kern um die mittelalterliche Glorifizierung der Jungfräulichkeit, um das Abtöten der körperlichen Triebe bzw. darum, dem hohen christlichen bzw. paulinischen Ideal der Leibesverachtung und Vergeistlichung" kritisch zu begegnen. Auf Götter „reime sich nun mal Spötter". Deswegen habe er die urkatholische Ursula, die Schutzheilige seiner Stadt, ein bisschen hochgenommen. „Keine Sorge, die kommt schon wieder runter. Nach allem, was wir wissen, hat Ursula schon ganz andere Prüfungen überstanden" (Kramp 2012: 14f.).

Nach dieser bunten Präsentation der Ursula-Verehrung aus verschiedenen Zeiten und Sichten, von der wirkmächtigen *legenda aurea* des Hochmittelalters bis zu dem kirchenkritischen Comic unserer Tage, gilt es nun, die einzelnen Stufen der Entstehung und Entwicklung dieses Kultes zu beschreiben. Dies soll geschehen in Anlehnung an den großen Bonner Mittelalter-Historiker Wilhelm Levison (1876–1927), der „vom schlichten Stein des Clematius bis zu den bunten Offenbarungen der Stauferzeit" diese Genese in den spätantiken Inschriften, den hagiographischen Texten um das Jahr 1000 sowie den hochmittelalterlichen Gräberfunden und Revelationen kompetent analysiert und souverän nachgezeichnet hat (Levison 1927).

3. „Vom Werden der Ursula-Legende"

Eine wahrscheinlich spätantike Inschrift aus Kalk-Sandstein in der Südwand des gotischen Chores von St. Ursula in Köln bildet den Ausgangspunkt und historischen Kern der Ursula-Legende. Ihre Entstehung ist umstritten (vielleicht auch karolingischen Ursprungs, so Schmitz 1999). Ihr Wortlaut ist bedeutsam:

> „Durch göttliche flammende Visionen mehrfach ermahnt und durch die Tugend der großen Majestät des Martyriums der himmlischen Jungfrauen, die erschienen, aus dem Osten des Reiches herbeigeholt, (hat), gemäß Gelübde, Clematius, senatorischen Ranges, auf eigene Kosten, auf seinem Boden diese Basilika, wie er es nach Gelübde schuldete, von den Grundmauern auf erneuert. Wenn jemand aber gegen die so große Majestät dieser Basilika, wo die heiligen Jungfrauen für den Namen Christi ihr Blut vergossen haben, (hier) irgend jemandes

> Leichnam bestattet, mit Ausnahme der Jungfrauen, so wisse er, daß er mit ewigen Höllenfeuern bestraft wird."
> (Schmitz 1999: 56ff; Übersetzung nach Schäfke 1984: 266)

Nach diesem Text hat ein gewisser Clematius, ein vornehmer Grieche aus dem Osten, auf seinem Gelände vor dem römischen Nordtor in Köln eine zerstörte Basilika wiederaufgebaut, die den dort gemarterten und begrabenen heiligen Jungfrauen gewidmet war sowie für diesen Ort ein Bestattungsverbot ausgesprochen *exceptis virginibus* („mit Ausnahme der Jungfrauen"). Archäologische Grabungen haben diese beiden Kirchenbauten nachgewiesen: die erste als eine dreischiffige Anlage mit Apsis aus dem 4. Jahrhundert (deren Zerstörung mit den Frankeneinfällen 355/56 zusammenhängen könnte) sowie deren Wiedererrichtung und Erweiterung aus dem frühen 5. Jahrhundert (ca. 400–420). Bei der Letzteren dürfte es sich um die Clematius-Basilika handeln (dazu kritisch Schmitz 1995: 706f.).

Fazit: Wir haben es hier – nach Ansicht von Wilhelm Levison – nachweislich mit einem spätantiken Jungfrauenkult zu tun, für den uns allerdings keine Namen, keine Anzahl und auch kein näherer Grund für das angedeutete Martyrium bekannt sind. Aus dem 5./6. Jahrhundert, also deutlich später, stammt ein christlicher Grabstein (heute Römisch-Germanisches Museum Köln) für ein Mädchen Ursula. Diesen Grabstein hat man im 12. Jahrhundert wie eine Reliquie in der Ursula-Kirche eingemauert, wo man ihn 1893 gefunden hat:

> In diesem Grab ruht die unschuldige Jungfrau mit dem Namen Ursula. Sie lebte acht Jahre, zwei Monate und vier Tage.
> (Schmitz 1995: 711ff.)

Vielleicht weist dieser christliche Grabstein für eine Jungfrau Ursula auf jene Ausnahmebestattungen hin, die die Clematius-Inschrift zugelassen hatte. Möglicherweise liegt hier auch der Beginn des Ursula-Namens für die spätere Legende.

Nach diesen ersten Zeugnissen aus Spätantike und Frühmittelalter gibt es vom 6. bis zum 9. Jahrhundert keinerlei weitere Nachrichten. Erst in der Mitte des 9. Jahrhunderts (848) ist etwa im Märtyrerverzeichnis des Wandalbert von Prüm von Kölner Jungfrauen die Rede; auch erste Namen werden genannt, allerdings nicht der von Ursula. Dies ändert sich dann in den hagiographischen Texten des 10. und 11. Jahrhunderts, in denen die heilige Ursula mit elf Begleiterinnen, die aus England stammen, auftaucht. Aufgrund eines Lesefehlers wird aus dieser Elfer-Zahl jene von elftausend Gefährtinnen. Am Ende dieser Reihe von Passions- und Predigttexten steht die Passio *Regnante Domino*, die um 1100 für die Stiftsdamen von St.

Ursula verfasst wurde und in gut hundert Handschriften überliefert ist – offenbar eine Lieblingsschrift des Mittelalters. Fast gleichzeitig (1106) wird die alte Römerstadt an mehreren Stellen durch den Ausbau der Stadtbefestigung erweitert und dabei auch das nördliche Gräberfeld ummauert, auf dem dann die hochmittelalterliche Ursulakirche entstand (Abb. 5).

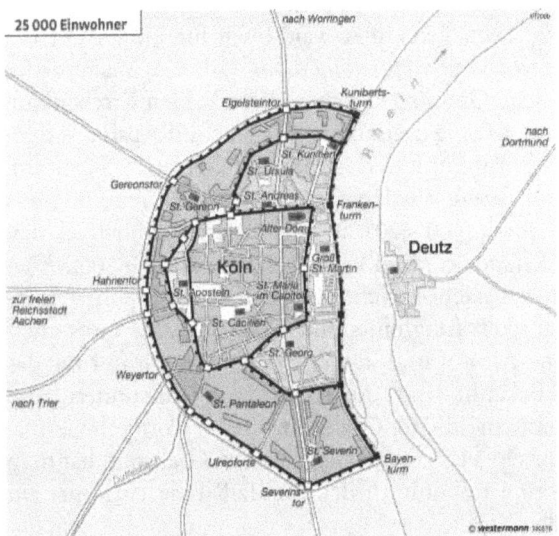

Abbildung 5: Spätantikes Köln und dessen hochmittelalterliche Erweiterungen.

Hier entdeckte man zahlreiche sterbliche Überreste, die den Kölner Märtyrerinnen zugeordnet wurden. Besonders hervorgetan haben sich dabei die Äbte des Benediktiner-Klosters in Köln-Deutz (gegründet 1003, heute Alt-St. Heribert), insbesondere unter Abt Gerlach in der Mitte des 12. Jahrhunderts. Letztere fanden nicht nur die vermeintlichen Gebeine der Märtyrerschar, sondern auch Grabinschriften (*tituli*) mit männlichen Namen, die man dann als Bischöfe und Kardinäle zu männlichen Begleitern der heiligen Ursula machte.

Aufgezeichnet wurde diese Grabungsaktion 1164 durch den Deutzer Klosterküster Theoderich in dessen *revelationes titulorum vel nominum sanctorum martirum et sanctarum virginum* – für Wilhelm Levison „ein einziger großer Betrug" (Levison 1927, 111). Einzelne Grabinschriften wurden in das benediktinische Doppelkloster Schönau im Taunus geschickt, wo Abt Ekbert (gest. 1184) und seine Schwester Elisabeth von Schönau (gest. 1164), eine große Mystikerin, zu diesen *tituli* Näheres durch Visionen erschließen sollten. In Ekberts *liber relevationum Elisabethae de sacro exercitu virginum Coloniensium* lassen sich noch heute deren Ergebnisse und Antworten nachlesen. Ein signifikantes Beispiel bezieht sich auf den legendären Papst Cyriakus. Der von Abt Gerlach gefälschte *titulus* lautete: *sanctus Cyriacus papa Romanus, qui cum gaudio suscepit sanctas virgines et cum eis Coloniam reversus martirium suscepit.* Elisabeth von Schönau hat dazu mithilfe ihrer Visionen in Erfahrung gebracht, dass Papst Cyriakus aus Britannien stammte und in der ersten Hälfte des 3. Jahrhunderts römischer Bischof gewesen war; als Vorgänger des Papstes Anterus (235/36) habe er sein Amt jedoch aufgegeben und sei mit der heiligen Ursula und ihren Gefährtinnen nach Köln zurückgekehrt, um dort den Märtyrertod zu erleiden. Weil sich dieser Papst Cyriakus aber bei einer Nachprüfung durch Elisabeth von Schönau nicht in der offiziellen Papstliste verifizieren ließ, fragte sie noch einmal nach und erfuhr, dass der römische Klerus über den Amtsverzicht des Cyriakus so erbost gewesen sei, dass man ihn aus der Papstliste gestrichen habe. Dieses Argument überzeugte noch die Chronisten und Kanonisten des 13. Jahrhunderts so sehr, dass sie diesen erfundenen Papst wieder in die Papstliste aufnahmen und sogar bei der Resignation Papst Coelestins V. 1294 als vorbildliches Beispiel heranzogen. Dazu der große Münchener Kirchenhistoriker Ignaz von Döllinger (1799–1890):

„Hier hat berechnete Täuschung, visionäre Phantasie und bodenlose Leichtgläubigkeit zusammengewirkt und einen Papst geschaffen, der ebenso wesenlos und rein erfunden war."
(Döllinger 1962: 45)

Mit diesen Enthüllungen und Ausgrabungen konnte sich die Ursula-Legende bei ihrer Verbreitung auch zahlreicher Reliquien bedienen, die durch die Benediktiner, Zisterzienser und Prämonstratenser in ganz Europa verteilt wurden – neben Deutschland insbesondere in Polen, Spanien und Italien. Im 14. Jahrhundert wurde diese Entwicklung mit zahlreichen Gebetsbruderschaften abgerundet und am Ende die heilige Ursula zur Schutzpatronin der Stadt Köln erhoben, die ihrerseits 1393 ein päpstliches Ausfuhrverbot für die Ursula-Reliquien zu erwirken suchte.

4. Vom mehrfachen Wahrheitssinn

Unsere aufklärerische und freigeistige Moderne tut sich schwer mit dem Skandalon eines blutigen Martyriums von 11.000 Jungfrauen, mit den Horror-Szenen ihres Leidens, mit dem leuchtenden Zeugnis ihres Glaubens. Ein solcher religiöser Überschwang mit all seiner gläubigen Verehrung auch der sterblichen Überreste als Reliquien ist uns heute eher fremd und fern. Mit der wissenschaftlichen Erschließung oder auch der kabarettistischen Überzeichnung ist einer solchen Glaubensglut kaum beizukommen.

Andererseits kann und muss die historische Analyse die geschichtliche Entstehung und Entwicklung der Ursula-Legende ihre inhaltliche Ausrichtung und Ausprägung zu erklären versuchen. Dabei werden zeitgebundene Hintergründe deutlich, so etwa das „goldene Köln" (*aurea Colonia*) des 10. Jahrhunderts, als sich um 970 die Erzählgeschichte ausbreitete. Vielleicht erinnerte man sich zu diesem Zeitpunkt daran, dass 922 Erzbischof Hermann von Köln das Damenstift bei St. Ursula wieder begründet hatte, um den Gerresheimer Nonnen wegen der Ungarngefahr (955 auf dem Lechfeld durch den Sieg Ottos I. beendet) eine Schutzunterkunft zu bieten (Gresser/Tandetzki 1999). In einer solchen Situation ließ sich das erfundene Kölner Martyrium der Ursula-Legende leicht mit dem nachweislichen spätantiken Jungfrauenkult verbinden und dieser wiederum mit dem Hunnensturm Attilas in der Mitte des 5. Jahrhunderts (451 Schlacht auf den Katalaunischen Feldern). Solche vorsichtigen Verknüpfungslinien ließen sich fortsetzen (Stichwort: die englische Herkunft der Ursula und ihrer Gefährtinnen vor dem Hintergrund der Ehe Ottos I. mit der englischen Königstochter Edith 929/30) und auf diese Weise weitere Besonderheiten dieses Narrativs verständlich machen.

Nimmt man alles zusammen, dann ergeben sich für die bunte Kölner Ursula-Legende die verschiedensten Erklärungsansätze: gesteigertes Heilsbedürfnis, unreflektierte Wunderglaubigkeit, vielleicht auch wirtschaftliche Vorteile beim Reliquienhandel sowie bewusste Fälschungsversuche wie etwa bei den gefälschten *tituli* der Deutzer Äbte. Die glaubensmäßige Sicht des Mittelalters und die wissenschaftliche Erklärung unserer Tage mögen zwei unterschiedliche, ja gegensätzliche Annäherungen an die Geschichte der heiligen Ursula und ihrer Gefährtinnen sein. Als doppelte Wahrheit von *fides et ratio* sollten sie nach wie vor Bestand haben dürfen, wenn zumal heute die mittelalterliche Glaubensperspektive in der beeindruckenden Kulturtradition der Stadt Köln und der damit verbundenen kölnischen Lebensart fortlebt.

5. „Über den Wunsch der Menschen betrogen zu werden" – Fälschungen gestern und heute

Dieses geflügelte Wort (*mundus vult decipi, ergo decipiatur*), das seit dem 16. Jahrhundert im Umlauf war, stellt eine treffende und prägnante Formel nicht allein für die Fälschungen des europäischen Mittelalters dar; es scheint geradezu eine zeitlose Gültigkeit zu besitzen. Trotzdem wird man zu unterscheiden haben zwischen den Fälschungen von gestern und heute. Dies dürfte in den Zeiten der Fake News, der gefälschten Nachrichten mit gezielter Täuschungsabsicht dringender denn je sein. Mit dem Kampfbegriff der Fake News werden Inhalte nicht nur erfunden, sondern bewusst manipuliert und dekontextualisiert. Sie dienen der Stimmungsmache und der Diskreditierung des politischen Gegners oder auch dem *Clickbaiting*, d.h. der reißerischen Überzeichnung, um Aufmerksamkeit für bestimmte Themen zu erzeugen. Der Wahrheitsgehalt solcher Meldungen ist in unserem gegenwärtigen ‚Lügenzeitalter' mit so herausragenden Protagonisten wie Trump und Putin von nachgeordneter Natur (König 2020).

Die alternativen Wirklichkeiten von heute und die fabrizierten Konstrukte des Mittelalters sind offenkundig deutlich und grundsätzlich voneinander zu trennen. Dies hat kein Geringerer als Umberto Eco (1932–2016) bei der Eröffnung des eingangs erwähnten Münchener Kongress zu den Fälschungen im Mittelalter (1986) auf den Punkt gebracht:

> „Wir stellen somit fest, dass das Mittelalter Fälschungen erzeugte, um den Glauben an irgendetwas zu stärken – einen Autor, eine Institution, eine Denkweise, eine theologische Wahrheit – und um eine Ordnung zu verteidigen, während moderne Fälschungen das Ziel verfolgen, Misstrauen und Chaos zu erzeugen...vielleicht [aber] sollte keine Epoche moralische Urteile über die andere fällen."
> (Eco 1988: 82 ital. Fassung, Übersetzung nach dem Handexemplar der Eröffnungsfeier 16.09.1986)

Literaturverzeichnis

Becker, Jürgen / Stankowski, Martin (1995): *Biotop für Bekloppte. Ein Lesebuch für Immis und Heimathirsche*. Kiepenheuer u. Witsch: Köln.

Döllinger, Ignaz von (1962): *Die Papstfabeln des Mittelalters. Ein Beitrag zur Kirchengeschichte*. Nachdruck Minerva: Frankfurt a. M.

Fälschungen im Mittelalter. Internationaler Kongress der Monumenta Germaniae Historica, München 16. bis 19. September 1986 (Schriften der Monumenta Germaniae Historica Bd. 33,1). Hahnsche Buchhandlung: Hannover.

Fried, Johannes (2007): *Donation of Constantine and Constitutum Constantini* (Millenium Studies Bd. 3). De Gruyter: Berlin.

Fuhrmann, Horst (1972): *Einfluss und Verbreitung der pseudo-isidorischen Fälschungen. Von ihrem Auftauchen bis in die neuere Zeit* (Schriften der Monumenta Germaniae Historica Bd. 24,1). Anton Hirsemann: Stuttgart.

Fuhrmann, Horst (2000): *Einladung ins Mittelalter* (Becksche Reihe 1357). Beck: München.

Gresser, Georg / Tandetzki, Edmund (1999): *Klosterlandschaft: Wiederbegründung des nachmaligen Ursulinenstiftes durch Erzbischof Hermann I. am 11. August 922.* In: W. Rosen / L. Wirtler (Hg.): Quellen zur Geschichte der Stadt Köln (Bd.1: Antike und Mittelalter. Von den Anfängen bis 1396/97). Bachem: Köln, 85–93.

Haller, Johannes (1965): *Das Papsttum. Idee und Wirklichkeit* (Bd. 2). Rowohlt: Hamburg.

Kern, Fritz (1958): *Recht und Verfassung im Mittelalter* (Libelli 3). Wissenschaftliche Buchgesellschaft: Darmstadt.

Kerner, Max (1981/82): *Die frühen Karolinger und das Papsttum.* In: Zeitschrift des Aachener Geschichtsvereins 88/89, 5–41.

König, Helmut (2020): *Lüge und Täuschung in den Zeiten von Putin, Trump und Co.* transcript: Bielefeld.

König, Ralf (2012): *Elftausend Jungfrauen.* Rowohlt: Hamburg.

Kramp, Mario (Hg.) (2012): *Ralf König, das Ursulaprojekt. Elftausend Jungfrauen.* Kölnisches Stadtmuseum: Köln.

Levison, Wilhelm (1927): *Das Werden der Ursula-Legende.* In: Bonner Jahrbücher 132, 1–164.

Schäfke, Werner (1984): *Kölns romanische Kirchen. Architektur, Ausstattung, Geschichte.* DuMont: Köln.

Schmitz, Winfried (1995): *Die spätantiken und frühmittelalterlichen Grabinschriften in Köln (4. bis 7. Jahrhundert n. Chr.).* In: Kölner Jahrbuch 28, 643–776.

Schmitz, Winfried (1999): *Zum Ursprung der Ursula-Legende: die Inschrift des Clematius.* In: W. Rosen / L. Wirtler (Hg.): Quellen zur Geschichte der Stadt Köln (Bd.1: Antike und Mittelalter. Von den Anfängen bis 1396/97). Bachem: Köln, 53–58.

Abbildungsverzeichnis

Abb. 1: Fälschungen im Mittelalter 1988 (siehe Literaturverzeichnis), 26.

Abb. 2: Umschlagbild Fuhrmann 2000 (siehe Literaturverzeichnis).

Abb. 3: Ursula-Schrein des Hans Memling, Eigenwerk Paul Hermann. In: https://de.wikipedia.org/wiki/Ursula_von_Köln#/media/Datei:Ursulaschrijn_Sint-Janshospitaal_(Brugge)_16-08-2019_11-47-32.jpg [Eingesehen am 16.2.2021].

Abb. 4: Ursulazyklus, Romanische Kirchen Köln. In: https://www.romanische-kirchen-koeln.de/index.php?id=863 [Eingesehen am 16.2.2021].

Abb. 5: Köln um 1200 n. Chr. In: Heimat und Welt Weltatlas + Geschichte, Braunschweig 2011, 26, Abb. 2.

„Die Bekämpfung des Antisemitismus ist ein Dienst an der Wahrheit". Der Umgang jüdischer Zeitschriften mit antisemitischen Falschbehauptungen zu Kriegsende 1918/19

Sönke Hebing

Abstract

Der seit dem Ende des 19. Jahrhunderts in ganz Europa stark zunehmende Antisemitismus beruhte nicht zuletzt auf Verschwörungsmythen und Falschbehauptungen. Jüdinnen und Juden im Deutschen Reich sahen sich vor die Aufgabe gestellt, diesen um sich greifenden Anfeindungen zu begegnen. Der vorliegende Beitrag untersucht jüdische Umgangsformen mit falschen Anschuldigungen anhand jüdischer Zeitschriften aus der unmittelbaren Nachkriegszeit 1918/19. Er zeigt verschiedene Reaktionsformen und Argumentationsmuster auf, um schließlich die Frage zu stellen, wie gesellschaftlich anerkannten Verschwörungserzählungen beizukommen sein kann.

1. Einleitung

Hatte sich mit dem Kriegsbeginn 1914 für die deutschen Jüdinnen und Juden die Hoffnung verbunden, der seit Jahrzehnten zunehmende Antisemitismus werde zugunsten des gemeinsamen Nationalgefühls schnell verschwinden, so erwies sich diese Hoffnung schon bald als Illusion. Je länger der Krieg andauerte, je mehr militärische Misserfolge und Not an der Heimatfront die gesamtgesellschaftliche Stimmung trübten, desto stärker fiel dies auf die Jüdinnen und Juden zurück. Neben die teils jahrhundertealten Mythen und Legenden traten Anschuldigungen, die sie suchten sich vor dem Kriegsdienst zu drücken, profitierten wirtschaftlich in ungebührlichem Maße oder seien gar als Umstürzler*innen und Saboteur*innen direkt für Misserfolge verantwortlich. Das Ressentiment gipfelte in der Zählung der jüdischen Bevölkerung im Jahr 1916, mit der von offizieller Stelle die Zahl jüdischer Soldaten geprüft werden sollte. Es entstand eine Atmosphäre des Misstrauens und der Enttäuschung auf jüdischer Seite – die Ergebnisse der Zählung freilich wurden nie veröffentlicht. Mit der deutschen Niederlage und den revolutionären Umbrüchen 1918/19 mehrten sich nochmals die Stimmen, die Jüdinnen und Juden öffentlich vorwarfen, für Niederlage und Revolution verantwortlich zu sein. Die Feststellung der Haltlosigkeit all dieser Vorwürfe erübrigt sich im Grunde (Barkai 1997: 50ff.).

Die deutschen Jüdinnen und Juden sahen sich also seit Beginn des Kaiserreiches und nochmals verschärft nach Kriegsende 1918/19 mit zahllosen Falschbehauptungen und Vorwürfen konfrontiert. Oftmals ist ihnen – gerade mit Blick auf Nationalsozialismus und Shoah – vorgeworfen worden, nicht entschieden genug gegen das Erstarken des Antisemitismus vorgegangen zu sein (Wyrwa 2010: 1). Dieser Vorwurf blendet jedoch die lange Tradition jüdischer Abwehrarbeit gegen die vielfältigen Facetten antisemitischer Angriffe und Gefährdungen aus. Jüdische Intellektuelle protestierten gegen empfundenes Unrecht und bezogen publizistische Gegenpositionen. Institutionell geschah die Abwehrarbeit vor allem durch den 1893 gegründeten „Centralverein deutscher Staatsbürger jüdischen Glaubens" (CV). Dieser verstand sich selbst ursprünglich als reiner Abwehrverband gegen den Antisemitismus, beanspruchte jedoch zunehmend die Vertretung derjenigen, die sich zunächst als deutsche Staatsangehörige und erst in zweiter Linie als jüdisch verstanden. Er vertrat über Gemeindemitgliedschaften rund 300.000 Mitglieder und damit einen Großteil der jüdischen Bevölkerung in Deutschland (Barkai 2002). Der CV erhob publizistisch seine Stimme, bot juristische Unterstützung an und versuchte, seinen Einfluss als größte jüdische Organisation auch politisch geltend zu machen. Daneben stellte aber auch der sich seit Ende des 19. Jahrhunderts entwickelnde Zionismus eine Antwort auf den zunehmenden Hass auf Jüdinnen und Juden dar. Man sollte die zionistische Bewegung nicht auf diesen Aspekt ihres ideologischen Programms reduzieren, eines ihrer Hauptargumente war jedoch, dem Antisemitismus sei letztlich nicht beizukommen, ein erfülltes und sicheres Leben sei deshalb für Mitglieder des jüdischen Volkes nur in einem eigenen Staat möglich (Zimmermann 1997: 46).

Die wichtigste Plattform der deutschen Jüdinnen und Juden im Kampf gegen antisemitische Falschbehauptungen war zweifelsohne die Presse. Zeitungen und Zeitschriften waren nach wie vor das uneingeschränkte Leitmedium, das galt auch für jüdische Kreise und die „jüdische Presse". Diese wird gemeinhin als „Presse von Juden für Juden" beschrieben. Es handelte sich also um Publikationen einer jüdischen Redaktion, die sich mit spezifisch jüdischen Themen an ein jüdisches Publikum wandte.[1] Diese Publikationen waren die zentralen Kommunikations- und Informations-Plattformen jüdischer Intellektueller, Führungspersönlichkeiten und

---

[1] Nicht verwechselt werden darf diese Terminologie mit dem antisemitischen Schmähbegriff der „Judenpresse", der vor allem die großen liberalen Tageszeitungen als parteiisch und deutsch-feindlich diskreditieren sollte (Suchy 1989: 169f.).

Organisationen. Die meisten Menschen mit jüdischem Selbstverständnis dürften eine oder gar mehrere dieser Zeitungen aktiv gelesen haben (Strauss 1983: 321ff.). Die politisch-ideologischen Blätter waren dabei die auflagenstärksten und nahmen eine bestimmende Rolle im Diskurs ein. Dazu zählte die zionistische „Jüdische Rundschau" (JR) ebenso wie das Vereinsblatt des CV, „Im deutschen Reich" (IdR). Populär war auch das „Israelitische Familienblatt" (IF), das sich stärker mit dem Alltag jüdischer Menschen in Deutschland, aber auch in Osteuropa, beschäftigte.[2] All diese Blätter sahen sich vor die Aufgabe gestellt, den zunehmenden Antisemitismus einerseits für ihre Leser*innenschaft zu erklären und einzuordnen sowie andererseits publizistisch in die gesamtgesellschaftlichen Debatten einzugreifen. Es stellt sich also die Frage, wie die drei vorgestellten jüdischen Zeitungen mit antisemitischen Falschbehauptungen umgingen und welche Strategien sie im Kampf gegen die Feindschaft gegenüber Jüdinnen und Juden verfolgten.

2. Zwischen Rationalität und Resignation: Merkmale und Argumente im Kampf gegen den Antisemitismus

Die jüdischen Zeitungen waren sich trotz aller inhaltlichen Differenzen und unterschiedlicher Akzentsetzung des Problems deutlich bewusst und verstanden sich explizit als publizistische Kampfinstrumente gegen den Antisemitismus. In großer Ausführlichkeit wurden die großen Zusammenhänge ebenso aufgegriffen wie die Tagespolitik.

Insbesondere IdR thematisierte und analysierte zahllose Flugblätter, Zeitungsartikel und Bücher, aber auch Boykott(-aufrufe), juristische Prozesse sowie Gewalthandlungen gegen Menschen und Gegenstände.[3] Es ging um die Entwicklung der Gefahr und die Hinterleute solcher Anfeindungen – laut jüdischen Zeitungen meist Alldeutsche, die vom eigenen politischen Versagen ablenken wollten. JR und IF dagegen konzentrierten sich auf Verfolgung und Pogrome in Osteuropa, hatten jedoch immer auch die deutschen Entwicklungen im Blick (JR, Jg. 23, Nr. 44, 1.11.1918: 342f.).

---

2 Die Zahlen zur Auflage sind bis 1933 oft nur geschätzt und schwanken stark (Edelheim-Mühsam 1956: 163).
3 Im Folgenden werden die Zeitschriften zitiert nach (Kürzel, Jahrgang, Nummer, Datum, Seitenzahl). Bei allen Belegen handelt es sich um Beispiele, die sich meist in zahlreichen Varianten in den Zeitungen wiederfinden (vgl. etwa IdR, Jg. 25, Nr. 7 Juli 1919: 289ff.).

Insbesondere in assimilierten jüdischen Kreisen war die erste – damals wie heute kontrovers diskutierte – Reaktion das Bemühen um Beschwichtigung und Entgegenkommen. Sie sollten sich aus den revolutionären Vorgängen bewusst heraushalten und den öffentlichen Raum meiden, um keine Angriffsfläche zu bieten. Der Umgang mit antisemitischen Vorfällen müsse jeweils im Einzelfall geprüft werden. Der Tenor: In den seltensten Fällen sei der Protest das so möglicherweise erregte Aufsehen wert. Alfred Wiener mahnte in IdR:

„Es liegt wirklich nicht im Charakter unserer Zeit, sich bei jeder Kleinigkeit hinter Amtsanwalt und Schutzmann zu stellen."
(IdR, Jg. 25, Nr. 7, Juli 1919: 299)

Der jüdischen Gemeinschaft sei nicht damit geholfen, dass einzelne Mitglieder sich ängstlich und verbissen gegen jede Nichtigkeit wehren. So bestätige man nur gängige antisemitische Vorurteile. Es wurde gemahnt, statt der einseitigen Konzentration auf den Antisemitismus und die Unterschiede besser Kraft und Ressourcen zu schonen und stärker das positive Zusammenleben zu betonen. Letztlich stehe die jüdische Existenz in Deutschland nicht zur Debatte, wichtiger sei Geschlossenheit gegenüber gemeinsamen Feinden (IdR, Jg. 25, Nr. 2, Februar 1919, 49f.).

Gleichzeitig traten assimilierte Jüdinnen und Juden den antisemitischen Gegnern mit dem entschiedenen Bemühen um Rationalität und sachliche Argumentation entgegen. Antisemitische Theorien und Erzählungen sollten als inhaltlich falsch entlarvt und so unschädlich gemacht werden. Wurden Jüdinnen und Juden für den Krieg verantwortlich gemacht, versuchte IdR die Kriegsschuld der Alldeutschen aufzuzeigen. „Und der Attentäter von Sarajewo war Christ" (IdR, Jg. 25, Nr. 1, Januar 1919, 5) hieß es dann. Dem Vorwurf des mangelnden Kriegs-Engagements hielt IdR die Landwirte und Arbeiter entgegen, die ebenfalls verschont geblieben seien (IdR, Jg. 25, Nr. 1, Januar 1919: 6). Auf die Diffamierung Karl Liebknechts als jüdisch-bolschewistische Bedrohung reagierte das Blatt mit Stammbaumforschung und suchte nach vermeintlich jüdischen Vorfahren Liebknechts (IdR, Jg. 25, Nr. 2, Februar 1919: 75f.). Das Bemühen um sachliche Auseinandersetzung reichte bis zu dem Bemühen, sich in die Gedankenwelt der Antisemit*innen hineinzuversetzen. So wurden Worte wie „Semiten", „Judenfrage", Mischehe" oder „Judenpresse" aus dem antisemitischen Sprachgebrauch übernommen und sogar antisemitische Vorwürfe vorweggenommen, um die Vorhersehbarkeit feindlicher Argumente gegenüber Jüdinnen und Juden zu verdeutlichen (IdR, Jg. 25, Nr. 6, Juni 1919: 261). Immer wieder findet sich in den Appellen jüdischer Zeitungen für ein Ende der Anfeindungen die Überzeugung, die deutsche Gesellschaft müsse erkennen, dass sie sich mit dem Antisemitismus selbst schade. Es seien die Alldeutschen und Reaktionäre gewesen, die den Krieg provoziert und das Land so in Unglück und Not gestürzt hätten. Ihr Antisemitismus verstelle den Weg für einen Neuanfang. In all diesen Punkten ging es darum, die Argumentation der Antisemit*innen auf argumentativer Ebene aufgrund ihrer Fehler und Unwahrheiten zu delegitimieren. Dahinter stand der Glaube, Wahrheit und Rationalität müssten sich durchsetzen und als überlegen erweisen.

Darüber hinaus äußerte sich in den jüdischen Zeitungen ein unbedingter Glaube an universale Werte und eine gemeinsame, modernere und letztlich bessere Zukunft. In IdR wird die These geäußert, die wenigsten Deutschen seien überzeugte Feinde des Judentums, sondern nutzten dies zum eigenen ökonomischen Vorteil, seien also eher Gefühls- als Geschäftsantisemiten (vgl. IdR, Jg. 25, Nr. 7, Juli 1919: 324f.). Auch die JR ist optimistisch,

> „mit der Niederlage des monarchischen Riesen [sei] eine der größten Zitadellen des Antisemitismus […] zerstört [worden]."
> (JR, Jg. 23, Nr. 48, 22.11.1918, 379)

Es verbanden sich moralisches und argumentatives Überlegenheitsgefühl:

> „Würde man nicht die tief eingefressene Unmoral kennen, die fast mit Natürlichkeit denjenigen befällt, der sich der antisemitischen Hetze zur Verfügung stellt […], so wäre man oft versucht, die judenverfolgenden Redner und Schreiber als unfreiwillige Komiker, als Leute mit einer defekten Gehirnschraube anzusehen und ihnen, mit menschlichem Bedauern, mildernde Umstände zuzubilligen."
> (IdR, Jg. 25, Nr. 7, Juli 1919, 312)

Staat und Zivilgesellschaft sollten sich dem Antisemitismus entgegenstellen.

Dieser unbedingte Glaube an die gemeinsame nationale Identität aller und das Vertrauen in einen gesamtgesellschaftlichen pro-jüdischen Grundkonsens wurden jedoch zunehmend erschüttert. Hauptsächlich in zionistischen Kreisen war die Einschätzung verbreitet, es gebe keinen gesellschaftlichen Grundkonsens für Gleichberechtigung und gegen Ausgrenzung. Trotz der offensichtlichen Absurdität des Antisemitismus genieße er eine stark wachsende Akzeptanz. Die JR bemängelte diese Diskrepanz zwischen Irrationalität und Rückhalt in der Gesellschaft anhand eines Flugblattes:

> „Die schamlosen Verleumdungen […] richten sich selbst. Leider ist zu befürchten, daß solche antisemitischen Verhetzungen heute auf

> fruchtbaren Boden fallen werden." In einem ähnlichen Kontext heißt es weiter: "Leider hat die nichtjüdische Öffentlichkeit die gefährlichen Wirkungen solcher Agitation nicht erkannt. So können wir die optimistische Meinung des ‚Vorwärts', daß die Berliner im Durchschnitt zu hell sind, um diesen Schwindel nicht zu durchschauen' keineswegs teilen."
> (JR, Jg. 23, Nr. 51, 3.12.1918: 401)

Demnach ließ sich der Antisemitismus nicht als Ausdruck einer skurrilen Minderheit abtun. Die JR glaubte:

> „Der Antisemitismus ist so alt wie das jüdische Volk und überdauert alle Entwicklungen und Umwälzungen. Er ist auch während des Krieges eine internationale Bewegung geblieben und braucht keine besonderen Gründe."
> (JR. Jg. 23, Nr. 55, 17.12.1918; 428)

Es handele sich um ein unveränderliches Phänomen, das insbesondere in Krisen zum Vorschein komme.

Diese Sicht veranlasste insbesondere Zionisten und Orthodoxe zu einer großen Bandbreite an Reaktionen. Am lautesten erklangen die Protestrufe und Anklagen gegen antisemitische Ausschreitungen. Gerade die Zionist*innen sahen sich durch die aktuellen Entwicklungen bestätigt und strahlten neues Selbstvertrauen aus. Die JR kündigte mit Blick auf die Pogrome in Osteuropa an:

> „Wir werden auf der ganzen Welt flammenden Protest erheben und wir werden alle Faktoren und alle Mächte, die die Lösung der Gerechtigkeit und Freiheit auf ihr Banner geschrieben haben, gegen diese Unmenschlichkeiten mobilisieren."
> (JR, Jg. 23, Nr. 48, 22.11.1918, 375)

Zeitungsübergreifend drohte man teils indirekt, teils offen mit der moralischen wie militärischen Macht der Kriegsgewinner. England, Frankreich und die USA verkörperten die Moderne, in der jüdische Menschen frei von Antisemitismus und nationalen Chauvinismus ihren Platz finden könnten. Im Wissen um die neue weltpolitische Machtkonstellation mahnte man, die westlichen Alliierten würden mit aller Härte gegen antisemitische Tendenzen in Deutschland vorgehen. Ohnehin habe der Krieg den gesellschaftlichen Richtungsstreit entschieden, wenn Deutschland eine erfolgreiche Zukunft haben wolle, müsse es sich den Alliierten anpassen (vgl. IF, Jg. 17, Nr. 20, 23.5.1919: 2).

Dem gegenüber stand jedoch eine weitverbreitete Resignation. Die JR begründete ihr teils geringes Interesse an antisemitischen Vorfällen in Deutschland damit, diese kämen nicht überraschend und ohnehin bliebe nur die Möglichkeit, selbstbewusst eigene Ziele zu verfolgen, statt auf Akzeptanz zu hoffen (vgl. JR, Jg. 23, Nr. 45, 8.11.1918, 350). Das IF konstatierte trotzig:

> „Für unsere jüdischen Sorgen jedoch hat der Antisemitismus nur eine nebensächliche Bedeutung. Zur Liebe kann man niemanden zwingen, und wenn es Leute gibt, die uns Juden nicht mögen, dann sollen sie es eben bleiben lassen."
> (IF, Jg. 17, Nr. 44, 15.11.1918: 1)

Dasselbe Blatt stellte traurig fest:

> „Was nützt es, daß wir zwischen uns und unseren nichtjüdischen Mitbürgern keinerlei Unterschiede sehen wollen, wenn unsere nichtjüdischen Mitbürger doch Unterschiede empfinden?"
> (IF, Jg. 16, Nr. 47, 6.12.1919: 1)

An vielen Stellen finden sich ob der Hilflosigkeit gegen offensichtliche Lügen und Unwahrheiten nur noch Sarkasmus. So heißt es beispielsweise in IdR über ein antisemitisches Flugblatt mit dem Titel „Deutschlands Erwachen", es handele sich um eine „Wüste von Blödsinn." (IdR, Jg. 25, Nr. 4, April 1919: 163f.) Was als Übertreibung gedacht war, wirkt aus der Rückschau umso erschreckender, wenn es heißt:

> „Ja, wenn ein Maler nicht genug Bilder verkauft, macht er hierfür die Juden verantwortlich."
> (IdR, Jg. 24, Nr. 11, November 1918: 429)

Als letztes zionistisches Mittel blieb nur die Auswanderung nach Palästina (vgl. JR, Jg. 24, Nr. 2, 10.01.1919: 17).

Diese augenscheinliche Vielzahl an Reaktionen, Umgangsformen und Gegenstrategien bedarf einiger Ordnung. Zunächst einmal wird eines deutlich: Die jüdischen Zeitungen nahmen das Problem ernst. Sie bewiesen ein feines Gespür für die antisemitischen Strömungen innerhalb der deutschen Gesellschaft. Gleichzeitig verfügten sie über ausgeprägte Analysefähigkeiten und entlarvten die vielen Anfeindungen als das, was sie waren: Haltlose Lügen und bewusste Täuschungen, die politisch instrumentalisiert wurden, um die reaktionären Kräfte im revolutionären Deutschen Reich zu stärken. Die jüdischen Zeitungen zeigten enorme Ausdauer und Diskussionsfreude, nahmen sich jeder noch so offensichtlichen Lüge an, um sie zu widerlegen. Gleichzeitig blieb die konkrete Reaktion entscheidend von der jeweiligen jüdischen Identität und der entsprechenden jüdisch-ideologischen Strömung abhängig. Während sich assimilierte Jüdinnen und Juden selbstverständlich als deutsche Staatsbürger*innen sahen, die sich zum Wohle des Landes engagierten und als solche gegen die gesellschaftliche Ausgrenzung vorgingen, akzeptierten Vertreter*innen des Zionismus ihre Außenseiterposition. Sie agierten explizit als Jüdinnen und Juden gegenüber der nicht-jüdischen Gesellschaft. Wo mit selbstbewusstem Protest nichts zu erreichen war, bleib für sie in letzter Konsequenz nur die Auswanderung. Religiöse Kreise wiederum schwankten zwischen den Positionen, ihre Reaktionen bewegten sich zwischen Hoffnung und Resignation. Gemeinsam war allen hier lediglich kurz angeschnittenen Strömungen jedoch der Glaube an Universalismus und die eigene moralische Überlegenheit. Die untersuchten Zeitungen vertraten die feste Überzeugung, letztlich würden sich in der „neuen Zeit" Internationalismus, Solidarität und Pazifismus durchsetzen. In diesem Geiste seien die Jüdinnen und Juden ein herausragendes Vorbild für die gesamte Welt. In einer solchen Welt glaubte man auch den Hass auf sie überwinden zu können. Vor diesem Hintergrund überrascht die Hilflosigkeit, die sich an vielen Stellen in den jüdischen Zeitschriften finden lässt. Die antisemitischen Kräfte innerhalb der Gesellschaft wurden zunehmend übermächtig, die jüdischen Strategien blieben meist wirkungslos. So präsentierten sich die unterschiedlichen Zeitungen oftmals dahingehend einig, die einzig verbleibenden Reaktionen angesichts der Wirkungslosigkeit argumentativer Gegenwehr seien eigentlich Resignation und der Verfall in Sarkasmus.

3. Die Grenzen der Wahrheit: Wenn der Antisemitismus gesellschaftlich hoffähig wird

Ideologisierung, Universalismus, Resignation – all diese Phänomene deuten in gewisser Weise auf eine Distanz der deutschen Jüdinnen und Juden zum eigentlichen Geschehen hin. Wer sich in Debatten um die eigene Identität oder die Hoffnung auf eine bessere, letztlich auch jüdischere Zukunft vertiefte, musste keine Lösung für das Problem des Antisemitismus und keine Erklärung für das eigene Scheitern angesichts offensichtlicher Lügen finden. Bei allem Engagement und Einfallsreichtum, das die jüdische Publizistik im Kampf gegen die Unwahrheit auszeichnete, verstellten die internen Grabenkämpfe letztlich doch den Blick auf den Ernst der Lage. Schon für die Zeitgenoss*innen mussten die Grenzen der jüdischen Aufklärungsarbeit offen zutage treten. Der Einfluss jüdischer Zeitungen reichte nicht weit genug, um aus dem eigenen, begrenzten

Zeitungsdiskurs heraus wirklich Wirkung auf gesamtgesellschaftliche Debatten entfalten zu können. Überzeugte Verschwörungsideologen ließen sich nicht durch rationale Argumente umstimmen. Wer an antisemitische Legenden glaubte, schenkte kaum den Gegendarstellungen in jüdischen Zeitungen Gehör. Wo kein Interesse an einer gemeinsamen Zukunft bestand, konnten die assimilierten Jüdinnen und Juden noch so sehr ihre deutsche Gesinnung betonen. Doch auch die Zionist*innen überschätzten ihren Einfluss. Berauscht von der Anerkennung zionistischer Ansprüche auf Palästina durch die Kriegsgewinner glaubte man, mit Drohungen und selbstbewusster Interessenvertretung zumindest ein Zusammenleben auf Augenhöhe erreichen zu können. Damit verkannte man die Irrationalität des reaktionären Antisemitismus, der sich nicht durch weltpolitische Überlegungen verunsichern ließ. Zwar wurde die deutsche zionistische Bewegung stärker und lauter, trotzdem vermochte sie nie, die Mehrheit der deutschen Jüdinnen und Juden entscheidend hinter sich zu vereinigen. Die Auswanderung nach Palästina war von der überwältigenden Mehrheit der deutschen Jüdinnen und Juden ohnehin nicht gewollt und musste schon aus praktischen Gründen noch lange Utopie bleiben.

Unabhängig von ihrer jüdisch-ideologischen Position nahmen die deutschen Jüdinnen und Juden den Aufschwung des Antisemitismus zwar wahr, doch weder Assimilierte noch Zionist*innen oder Orthodoxe erkannten in der offenen Resistenz gegen die Wahrheit eine richtungsweisende Entwicklung mit dem Potential zum gesellschaftlichen Konsens. Es muss ungeklärt bleiben, ob es einen „richtigen" publizistischen Umgang mit dieser Situation gegeben hätte. Angesichts der späteren Entwicklungen hin zu Nationalsozialismus und Shoah liegt der Einwand nahe, man hätte entschiedener gegen die Lügen der Antisemit*innen vorgehen müssen. Doch war diese Entwicklung aus damaliger Sicht kaum vorherzusehen, erst recht nicht das bis dahin unvorstellbare Ausmaß der Unmenschlichkeit. Ohnehin kann von etwa einem Prozent der Bevölkerung kaum erwartet werden, sich gegen langfristige gesellschaftliche Trends zu behaupten oder diese gar umzukehren. Im Gegenteil ist es erstaunlich, dass die deutschen Jüdinnen und Juden und ihre Zeitungen dies überhaupt mit so viel Engagement und Durchhaltevermögen versuchten. In diesem Punkt wird die Notwendigkeit deutlich, die historische Kritik an innerjüdischen Diskursmechanismen klar von der Frage nach Verantwortung für das Erstarken des Antisemitismus zu trennen. Innere Differenzen mögen zwar das Fehlen einer koordinierten, effektiven Gegenstrategie verursacht haben. Der geringe Einfluss jüdischer Argumente und Positionen auf gesamtgesellschaftliche Diskurse ist damit aber nur äußerst eingeschränkt zu erklären. Vielmehr ist der Grund in der deutschen Gesellschaft mit ihrer zunehmenden Akzeptanz von Ausgrenzung und der Entkopplung von jeder rationalen Argumentation zu finden. Letztlich hätte es eines klaren Bekenntnisses von Staat und Gesellschaft zu Rationalität und universellen Menschenrechten bedurft. Das Bemühen um Ausgleich und Maß sowie die Absage an Sündenbockstilisierung und böswillige Unwahrheit wären hier von essenzieller Bedeutung gewesen. Ob das hier anklingende Argument des gesellschaftlichen Konsenses eine adäquate Lösung der geschilderten Problemlage zu liefern vermag, kann jedoch keineswegs als gesichert gelten. Natürlich bleibt das Streben nach einem solchen Konsens oft Wunschdenken und kann lähmend auf gesellschaftliche Diskurse wirken. Effektive Lösungsstrategien im Umgang mit Verschwörung und Ausgrenzung wurzeln möglicherweise eher im Engagement einzelner Akteur*innen und gesellschaftlicher Teilgruppen. Immerhin lag gerade in der Weimarer Republik eine der gesellschaftlichen Stärken nicht zuletzt auch in Vielfalt und Ausdifferenzierung.[4] In diesen Fragen besteht sicherlich noch historischer Forschungsbedarf. Doch gegen die Kräfte der Mehrheit bleibt das Ringen der Minderheit um Modernität und Zukunft letztlich machtlos. Darin liegt vielleicht die Lehre für die von Fake News und Unsicherheit geprägte Gegenwart.

Literaturverzeichnis

Barkai, Avraham (1997): *Jüdisches Leben in seiner Umwelt.* In: S. Lowenstein u.a. (Hg.): Umstrittene Integration 1871–1918 (Deutsch Jüdische Geschichte der Neuzeit, Bd. 3). Beck: München, 70–73.

Barkai, Avraham (2002): *„Wehr dich!" Der Centralverein deutscher Staatsbürger jüdischen Glaubens (C.V.) 1893–1938.* Beck: München.

Edelheim-Muehsam, Margaret (1956): *The Jewish Press in Germany.* In: Yearbook of the Leo Baeck Institute 1, 163–176.

Souchy, Barbara (1989): *Die jüdische Presse im Kaiserreich und in der Weimarer Republik.* In: J. Schoeps (Hg.): Juden als Träger Bürgerlicher Kultur in Deutschland. Burg: Stuttgart, 167–191.

Strauss, Herbert (1983): *Das Leo Baeck Institut und die Erforschung der deutsch-jüdischen Geschichte.* In: Geschichte und Gesellschaft (Bd. 9), 471–478.

---

4 In der JR vertrat man die These, Revolutionen seien immer das Werk von Minderheiten, da diese ein echtes Interesse an Veränderung hätten (JR, Jg. 24, Nr. 29, 25.4.1919: 223).

Wyrwa, Ulrich (2010): *Abwehr des Antisemitismus*. In: W. Benz (Hg.): Handbuch des Antisemitismus. Judenfeindschaft in Geschichte und Gegenwart (Bd. 3: Begriffe, Theorien, Ideologien). De Gruyter: Berlin, 1–2.

Zimmermann, Moshe (1997): *Die Deutschen Juden 1914–1945* (Enzyklopädie Deutscher Geschichte 43). Oldenburg: München.

Quellenverzeichnis

Frankfurter Israelitisches Familienblatt (ab 1919 Neue Jüdische Presse. Frankfurter Israelitisches Familienblatt), Hamburg/Berlin, 1895–1938.

Im deutschen Reich. Zeitschrift des Centralvereins deutscher Staatsbürger jüdischen Glaubens. Berlin 1895–1922.

Jüdische Rundschau. Organ der Zionistischen Vereinigung für Deutschland. Berlin 1902–1938.

Alle Zeitschriften sind online abrufbar über Compact Memory bzw. die Universitätsbibliothek der Goethe Universität Frankfurt: http://sammlungen.ub.uni-frankfurt.de/cm/nav/index/title/ (Eingesehen am 28.05.2021).

Fake News als Propagandamittel in der DDR.
Das Beispiel Mauerbau

Ines Soldwisch

Abstract

Der Begriff Fake News ist seit einigen Jahren weit verbreitet – das Phänomen jedoch, mag es auch anders genannt worden sein, durchwebt die Vergangenheit seit Jahrhunderten. Die Geschichte der Menschheit ist von öffentlichen Halbwahrheiten, Täuschungen, Verleumdungen und gezielt gestreuten Gerüchten geprägt. Historiker*innen stehen hier vor der Aufgabe, die Halbwahrheiten, Lügen und Falschmeldungen zu enttarnen, um die historische Wirklichkeit dahinter abzubilden und zu interpretieren. Das ist die eine Seite. Die andere Seite thematisiert die Handlungsabsichten hinter der Propaganda, die Täuschungsversuche und Geheimhaltungsvorgänge, um damit die Gründe für die Divergenz zwischen gesellschaftlichem Transparenzanspruch und Manipulationsabsicht herauszuarbeiten. Mit einem Beispiel aus der Geschichte der DDR wird sich der folgende Beitrag befassen. Es geht darum, anhand der Berichterstattung der SED-Tageszeitung „Neues Deutschland" (ND) über den Mauerbau am 13. August 1961 darzustellen, wie die DDR-Regierung gezielt Falschmeldungen und Lügen verbreitete, um das eigene Volk auf eine „falsche Fährte" zu lenken.

1. Fake News, Falschmeldungen, Gerüchte – Einleitende Bemerkungen zur Begrifflichkeit

Marc Bloch hat einen Beitrag verfasst, der in seinem Buch „Apologie der Geschichte oder Der Beruf des Historikers" abgedruckt ist. Dieser Beitrag heißt „Auf der Suche nach Lüge und Irrtum". Hier schreibt Bloch: „Kein Gift vermag ein geschichtliches Zeugnis so gründlich zu verderben wie der Betrug" (Bloch 1985: 73). Laut Bloch geben Falschmeldungen darüber Aufschluss, was in einer gewissen historischen Epoche oder Situation als vorstellbar oder wahrscheinlich galt.

Daraus folgt, dass die Analyse dieser Falschmeldungen und Gerüchte uns Auskunft über die vergangene Wirklichkeit und noch wichtiger, über die Wahrnehmung dieser Wirklichkeit liefert. Laut Bloch entstehen Falschmeldungen aus ungenauen individuellen Beobachtungen oder unvollständig wahrgenommenen Augenzeugenberichten. So weit, so gut. Was aber bewirken bewusst lancierte Falschmeldungen nicht von Individuen, sondern von ganzen Systemen, um die eigene Macht und Herrschaft zu stabilisieren? Dies soll am Beispiel des Mauerbaus in der DDR und der Erklärungsmuster des Regimes vorgeführt werden.

Weil Falschmeldungen in der Geschichte kein Einzelphänomen sind, setzen sich Historiker*innen mit ihnen und ihren Wirkungen immer wieder auseinander. Wie der Band von Keil und Kellerhoff belegt, bisher jedoch viel zu wenig (Keil/Kellerhoff 2017). In der Forschung geht es jedoch nicht nur um die Aufdeckung von Falschmeldungen, Gerüchten oder Lügen, sondern auch um die begriffliche Schärfung dieser Phänomene, die für ihre Analyse grundlegend sind. Barth und Homberg befassen sich z.B. in ihrem Aufsatz von 2018 unter anderem mit der Abgrenzung von Fake News und Propaganda (Barth/Homberg 2018: 619–642). Ich übernehme für meine Überlegungen die Definition von Bussemer.

„Propaganda ist eine besondere Form der systematisch geplanten Massenkommunikation, die nicht informieren oder argumentieren, sondern überreden oder überzeugen möchte. Dazu bedient sie sich in der Regel einer symbolisch aufgeladenen und ideologiegeprägten (Bild-)Sprache, welche die Wirklichkeit verzerrt, da sie entweder Informationen falsch vermittelt oder ganz unterschlägt. Ziel von Propaganda ist es, bei den Empfängern eine bestimmte Wahrnehmung von Ereignissen oder Meinungen auszulösen, nach der neue Informationen und Sachverhalte in den Kontext einer ideologiegeladenen Weltsicht eingebettet werden (Framing). Der Wahrnehmungsraum, in dem die Empfänger Informationen einordnen oder bewerten können, wird so durch Propaganda langfristig manipuliert."
(Bussemer 2013)

Prominent und für unser Thema auch relevant ist die Auseinandersetzung mit der DDR-Geschichtswissenschaft nach der friedlichen Revolution 1989 (Sabrow 2019: 111–132). Sie hatte das politische System aktiv gestützt. In einem Aufruf, den die Historiker Armin Mitter und Stefan Wolle am 10. Januar 1990 veröffentlichten, um einen unabhängigen Historiker-Verband in der DDR zu gründen, hieß es:

„Auf dem Gebiet der Geisteswissenschaften herrscht eine erschreckende Situation. Jahrzehntelang erstickte ein ungenießbarer Brei aus Lügen und Halbwahrheiten jede freie geistige Regung. [...] Das traurigste Los aber traf die Geschichtswissenschaft" (Mitter/Wolle 1994: 22).

Doch brauchen wir gar nicht so tief in die Wissenschaftsgeschichte der DDR einzusteigen. Ein Blick auf die politische „Kooperation" bis 1989 zwischen Ost und West, sei es sicherheitspolitische, entspannungspolitische oder auch wirtschaftliche oder kulturelle, offenbarte nach 1989 einen hohen Grad an Unwahrheit, Lüge und Täuschung zwischen Ost und West, aber genauso einen hohen Grad an Selbsttäuschung im eigenen sozialistischen System (Neubert 2006: 48). Diese Beispiele am Anfang zeigen, wie ambivalent die Beschäftigung mit Falschmeldungen in der historischen Forschung sein kann. Hier setzt der folgende Beitrag an.

Es geht in einem ersten Schritt darum, zu klären, wie Fake News in der DDR-Geschichte begrifflich zu fassen sind. In einem zweiten Schritt wird analysiert, wie die DDR Falschmeldungen lancierte, um das eigene politische System zu stabilisieren. In einem dritten Schritt wird der Mauerbau als historisches Ereignis kontextualisiert und in einem vierten Schritt werden die Verlautbarungen Walter Ulbrichts gegenüber der Presse und die Berichterstattung im „Neuen Deutschland" sprachlich und inhaltlich untersucht, um die sprachlichen und metaphorischen Instrumente der Falschmeldung herauszuarbeiten.

2. Falschmeldungen als Propagandamittel und ihre Verbreitung

Eine Diktatur wie die DDR arbeitete seit jeher mit den „Instrumenten", die ich oben angesprochen habe. Sie verbreitete Halbwahrheiten, Falschmeldungen, Gerüchte, verleumdete und diffamierte Menschen, die nicht in das autoritäre System passten. Staat und Regierung täuschten so die eigene Bevölkerung und letztendlich sich selbst, manipulierten, diffamierten und verurteilten innere und äußere Feinde. Die DDR selbst bezeichnete sich gemäß dem leninistischen Prinzip als „Diktatur des Proletariats" (Schmeitzner 2019). In dieser Logik bedurfte die Herrschaft der Arbeiterklasse spezifischer Abwehrinstrumente, um der kapitalistischen Propaganda zu widerstehen. Innere und äußere Feinde sollten durch Fake News bekämpft und natürlich in der Öffentlichkeit verunglimpft werden. Falschinformationen wurden durch Zeitungsmitteilungen, Regierungsäußerungen, durch das Fernsehen, von Mund zu Mund etc. verbreitet und trugen so lange Zeit zum formalen Erhalt des Machtapparates bei. Heute erfolgt die Verbreitung durch die Digitalisierung viel schneller und effektiver als zuvor. Wir können also im Falle des SED-Regimes von analogen Fake News sprechen. Dennoch würde ich lieber den Begriff der gezielten Falschmeldung verwenden wollen, um mich von der aktuellen Begriffsdefinition, die sehr zeitgenössisch und von Individuen ausgehend geprägt ist, abzugrenzen.

3. Falschmeldungen in der DDR zur Stabilisierung des Systems

Im Falle der DDR wurden Falschmeldungen mit einer intendierten politischen Zielmaßgabe durch den Staat lanciert, um das Volk ideologisch zu beeinflussen und zu steuern. Menschen wurden durch bewusste Falschinformationen über die Medien sowie über Verlautbarungen des Staatsratsvorsitzenden Walter Ulbricht über das DDR-Fernsehen und die Tageszeitungen manipuliert.

Die DDR-Führung bediente sich besonders perfide des Mittels der Propaganda, indem sie Informationslücken bewusst mit eigens lancierten „Nachrichten" ausfüllte. Gerüchte gehörten ohnehin zum Alltag in der DDR, weil die politische Führung die Mehrheit der Bevölkerung von seriösen Informationen ausschloss. Gleichzeitig versuchte die Führung der DDR, die eklatanten Widersprüche zwischen Anspruch und Wirklichkeit mit der Tabuisierung vieler Probleme zu parieren und mit Erfolgspropaganda zu überdecken. Die Propaganda der DDR-Führung zum Mauerbau ist ein Paradebeispiel dafür, jedoch bei Weitem nicht das Einzige. Schon beim Volksaufstand des 17. Juni 1953 war die Bevölkerung über die tatsächlichen Ursachen getäuscht worden. Ein weiteres Beispiel war die Kartoffelkäferplage Anfang der 50er-Jahre in der DDR, über die im Zentralorgan der SED, dem Neuen Deutschland, geschrieben wurde:

> „Außerordentliche Kommission stellt fest: USA-Flugzeuge warfen große Mengen Kartoffelkäfer ab […]. In einer eingehenden Aussprache brachten alle Mitglieder der Regierung ihre Empörung über dieses Verbrechen zum Ausdruck, das die Skrupellosigkeit der kriegstreiberischen Kräfte kennzeichnet […]."
> (Neues Deutschland vom 16. Juni 1950)

Wie diese beiden kurz angeschnittenen Sachverhalte zeigen, waren Falschmeldungen ein Instrument zur ideologischen Manipulation des eigenen Volkes. Sie zielten nicht darauf ab, geglaubt zu werden, schließlich konnten die DDR-Bürger*innen Westradio und Westfernsehen sehen, sondern darauf, Zweifel zu streuen und damit jedes politische Verhalten unmöglich zu machen.

4. Der Mauerbau 1961

4.1 Vorgeschichte

Die 60er-Jahre der DDR waren Krisenjahre. Wirtschaftliche Schwierigkeiten, unter anderem ausgelöst durch die Kollektivierung der Landwirtschaft und die sozialistische Planwirtschaft, aber auch ein harter politischer Kurs gegenüber der eigenen Bevölkerung, hatten zu hohen Flüchtlingszahlen geführt. Allein im Juni 1961 hatten 30.000 Menschen die DDR verlassen (Weber 2000: 219). Die DDR-Führung versuchte, den Missmut und Zorn der Bevölkerung, vor allem über Versorgungsengpässe, auf die Grenzgänger*innen zu richten. Doch wer waren diese Grenzgänger*innen? Als Grenzgänger*innen wurden die ca. 53.000 Bewohner*innen Ost-Berlins bezeichnet, die noch in West-Berlin arbeiteten. Mehr und mehr waren sie Repressalien, Druck und Verfolgung ausgesetzt. Die SED behauptete, dass durch dieses Arbeiten in West-Berlin dem Oststaat Produktionsverluste von einer Milliarde Mark entstehen würden (Weber 2000: 219).

International hatte eine Rede Nikita Chruschtschows am 10. November 1958 die „Berlin-Krise" ausgelöst, als er den Rückzug der Sowjetunion aus der Viermächteverantwortung ansprach und ankündigte, der DDR alle Hoheitsrechte zu übertragen. Was stand dahinter? Im Endeffekt ging es Chruschtschow um die Stabilisierung der Westgrenze des sowjetischen Machtbereichs. Dem stand der offene Grenzübergang in Berlin gen Westen jedoch im Wege, hatten doch hier die Bewohner*innen der DDR die wirtschaftliche und gesellschaftliche Überlegenheit des Westens gegenüber dem Osten tagtäglich vor Augen, was auch zum Flüchtlingsstrom beitrug. Chruschtschow stellte den Westmächten ein Ultimatum. Sollten diese nicht zum Abschluss eines Friedensvertrages bereit sein, der bedeutet hätte, eine entmilitarisierte Stadt Berlin zu schaffen und damit auch die enge Bindung der Bundesrepublik an Berlin zu schwächen, wollte er ein alleiniges Abkommen mit der DDR schließen. In diplomatischen Noten reagierten die Westmächte ablehnend auf diese Drohgebärde aus dem Osten. Berlin-Frage und Deutsche Frage sollten im Rahmen einer alliierten Außenministerkonferenz verhandelt werden, die von Mai bis August 1959 in Genf stattfand, die aber zu keiner Einigung führte (Eisenfeld/Engelmann 2001: 11–16).

Im Frühsommer 1961 spitzte sich die Krise immer weiter zu. Seit Monaten hatte Ulbricht bei den Staatschefs des Warschauer Paktes für sein Vorhaben geworben, mit einer befestigten Grenze quer durch Berlin den Flüchtlingsstrom zu stoppen. Doch die notwendige Genehmigung durch

Chruschtschow stand zunächst aus (Dokumente zur Deutschlandpolitik 1975: 925ff.).

Ulbricht drängte auf einschneidende Maßnahmen, Chruschtschow jedoch mahnte immer noch zur Zurückhaltung. Entscheidungen sollten erst nach seinem Gipfeltreffen mit dem amerikanischen Präsidenten John F. Kennedy am 3. und 4. Juni 1961 in Wien getroffen werden. Dort wiederholte Chruschtschow sein Ultimatum des separaten Friedensvertrages mit der DDR und setzte eine neue Frist bis zum Jahresende 1961. Der amerikanische Präsident reagierte auf die Drohungen Chruschtschows entschieden: Er kündigte eine massive Erhöhung der Rüstungsausgaben und die Entsendung von sechs zusätzlichen US-Divisionen nach Europa an (Protokoll der Unterredung: SAPMO-BArch, DY 30/3663). Die entschiedene Haltung der Vereinigten Staaten und die akute Gefährdung der Existenz der DDR im Sommer 1961 veranlassten Chruschtschow schließlich dazu, von seinen weitergehenden Zielen Abstand zu nehmen und stattdessen der Abriegelung der Sektorengrenze in Berlin zuzustimmen. Im Juli 1961 leitete die SED-Führung unter größter Geheimhaltung gemeinsam mit dem sowjetischen Militär konkrete militärische und technische Vorbereitungen zur Grenzschließung ein. Weniger als einhundert Funktionär*innen aus dem Partei-, Staats- und Militärapparat der DDR waren bis zum Abend des 12. August 1961 in die Pläne eingeweiht (Eisenfeld/Engelmann 2001: 41ff.).

4.2 Die Mauer wird gebaut

Als die Menschen der DDR am 13. August 1961 erwachten, wussten viele von ihnen noch nicht, wie sich in nur einer Nacht ihre Welt verändert hatte und dass sie für die nächsten Jahrzehnte einzementiert sein sollten.

Seit Mitternacht waren die Übergänge von Ost- nach West-Berlin geschlossen, der S- und U-Bahn-Verkehr im Ostteil der Stadt gestoppt und Straßen mit Stacheldraht und spanischen Reitern durch Volkspolizei und NVA abgeriegelt worden. SED-Betriebskampfgruppen, so hatten Passant*innen beobachtet, bauten mit Pflastersteinen und Asphaltstücken Barrikaden, um den Osten abzuriegeln. Fassungslosigkeit und Ratlosigkeit machte sich breit (Mählert 2009: 98ff.).

In den folgenden Tagen und Wochen wurde die provisorische Abriegelung durch eine Mauer ersetzt, die bis 1989 Ost- und Westberlin trennen sollte. Im offiziellen Sprachgebrauch hieß die Grenzbefestigung „antifaschistischer Schutzwall". Auch dies kann als Falschmeldung interpretiert werden, denn was intendierte dieser Begriff? Darum soll es im nächsten Abschnitt gehen.

5. *Der Mauerbau in den Augen der Staatsmacht und die Manipulation der Bevölkerung*

Am 15. Juni 1961, also zwei Monate vorher, hatte auf Einladung des Staats- und Parteichefs Walter Ulbricht eine internationale Pressekonferenz im „Haus der Ministerien" an der Wilhelmstraße in Berlin-Mitte stattgefunden, zu der mehr als 300 Journalisten aus mehr als 30 Ländern erschienen waren. Die politische, wirtschaftliche und gesellschaftliche Lage in der DDR und besonders in Berlin war allen Anwesenden bewusst.

Ulbricht führte aus, dass der in seinen Augen unklare Status der westlichen Sektoren beseitigt werden müsse, damit eine „Freie Stadt" entstehen könne. Allerdings wusste Ulbricht, dass die drei Schutzmächte West-Berlins das nie zulassen würden.

Alle seine „Vorschläge" hatte der SED-Chef bereits vor dem 15. Juni 1961 in DDR-Zeitungen und im DDR-Rundfunk vielfach verlauten lassen. Mit dem Abschluss eines separaten Friedensvertrages zwischen der Sowjetunion und der DDR, übrigens einem klaren Bruch des Vier-Mächte-Status, hatten Ulbricht und Chruschtschow bereits mehrfach gedroht.

Annamarie Doherr, die Berlin-Korrespondentin der „Frankfurter Rundschau", kam zum Ende der Pressekonferenz zu Wort:

„Ich möchte eine Zusatzfrage stellen, Herr Vorsitzender! Bedeutet die Bildung einer Freien Stadt Ihrer Meinung nach, dass die Staatsgrenze am Brandenburger Tor errichtet wird? Und sind Sie entschlossen, dieser Tatsache mit allen Konsequenzen Rechnung zu tragen?"

Walter Ulbricht antwortete:

„Ich verstehe Ihre Frage so, dass es Menschen in Westdeutschland gibt, die wünschen, dass wir die Bauarbeiter der Hauptstadt der DDR mobilisieren, um eine Mauer aufzurichten, ja? Mir ist nicht bekannt, dass solche Absicht besteht, da sich die Bauarbeiter in der Hauptstadt hauptsächlich mit Wohnungsbau beschäftigen, und ihre Arbeitskraft voll ausgenutzt ... äh voll eingesetzt wird. Niemand hat die Absicht, eine Mauer zu errichten".

(Dokumente zur Deutschlandpolitik 1991: 925ff.)

Was auf die Pressekonferenz folgte, war eine Pressekampagne gegen den Westen, in der die wahren Motive des Mauerbaus verschleiert, mit Falschmeldungen gearbeitet und der „Erfolg der DDR" propagiert wurden. Am Tag der Abriegelung Ost-Berlins gen Westen lief die Propagandamaschinerie des sozialistischen Staates auf Hochtouren. Seite eins des „Neuen Deutschlands" zeigte die ideologische Stoßrichtung. Auf der linken Seite des Titelblattes erschien ein „Beschluss des Ministerrates der Deutschen Demokratischen Republik", in dem es unter anderem hieß:

> „Die Erhaltung des Friedens erfordert, dem Treiben der westdeutschen Revanchisten und Militaristen einen Riegel vorzuschieben und durch den Abschluß eines deutschen Friedensvertrages den Weg zu öffnen für die Sicherung des Friedens und die Wiedergeburt Deutschlands als friedliebender, antiimperialistischer, neutraler Staat."
> (Neues Deutschland vom 13. August 1961)

Adenauer wurde der „systematischen Bürgerkriegsvorbereitung" bezichtigt, DDR-Bürger*innen seien bei Westbesuchen „in zunehmendem Maße terroristischen Verfolgungen ausgesetzt". Der Beschluss griff das Narrativ der bewussten Abwerbung von DDR-Fachkräften auf und kriminalisierte die bestehende Situation. So hieß es im Beschluss des Ministerrates:

> „Von westdeutschen und Westberliner Agentenzentralen wird eine systematische Abwerbung von Bürgern der Deutschen Demokratischen Republik und ein regelrechter Menschenhandel organisiert."
> (Neues Deutschland vom 13. August 1961)

Und die Agitation gen Westen ging noch weiter: Vortäuschend, dass offizielle Regierungsdokumente aus der Parteiführung der CDU/CSU vorlägen, behauptete der Ministerrat weiter:

> „Die westdeutschen Militaristen wollen durch alle möglichen betrügerischen Manöver, wie z.B. ‚freie Wahlen', ihre Militärbasis zunächst bis zur Oder ausdehnen, um dann den großen Krieg zu beginnen."
> (Neues Deutschland vom 13. August 1961)

So muss in der Argumentation des Textes der Beschluss des Ministerrates, der den Anschuldigungen und Verunglimpfungen folgte, als folgerichtig erscheinen, um den eigenen Staat und mit ihm die sozialistischen Bruderstaaten zu schützen. Bewusst vermittelte die DDR-Regierung den Eindruck, sie hätte, um sich und ihr Volk zu schützen, gar keine andere Möglichkeit, als die Grenzen zur Bundesrepublik und den Westsektoren Berlins so zu kontrollieren, wie es „an den Grenzen jedes souveränen Staates üblich ist" (Neues Deutschland vom 13. August 1961). Bürger*innen der DDR sei es nur noch mit besonderer Genehmigung gestattet, die Grenze gen Westen zu passieren. Solange West-Berlin nicht in eine entmilitarisierte neutrale Stadt verwandelt werden würde, bräuchten DDR-Bürger*innen für das Überschreiten der Grenzen eine besondere Bescheinigung. Der Artikel bezeichnete den östlichen Teil Berlins als den „demokratischen Teil". Diese Argumentation hatten Chruschtschow und Ulbricht schon seit der Berlin-Krise geführt. Aus heutiger Sicht mag dies absurd erscheinen. Sie war aber in sich logisch. Die Falschmeldungen resultierten nicht aus Zufall, sondern aus der Konstruktion einer in sich stimmigen Gegenwelt, die ihre eigene Realität schuf. Das ist an diesem Punkt vielleicht das Entscheidende. Falschmeldungen entlarven sich selbst, wenn sie zufällig eingestreut werden. Erst wenn sie zu einem schlüssigen argumentativen System verbunden werden, sind sie in der Lage, Wirklichkeit herzustellen und zu legitimieren. So, wie die eigenen Deutungen Wirklichkeit schaffen, so sind dann auch die Gegendeutungen interpretierte, rein durch Sprache hergestellte Wirklichkeit. In einer solchen Welt kann Wirklichkeit nicht mehr durch Sprache ermittelt, sondern nur durch den „richtigen" politischen Standpunkt abgesichert werden. Genau das war das Ziel Ulbrichts.

Vorgetäuscht wurde die Forderung nach einem neutralen West-Berlin, politisch intendiert war natürlich der Abzug der westalliierten Truppen aus West-Berlin und der Abbruch jeglicher Verbindung West-Berlins zur Bundesrepublik.

Im gleichen Duktus blieb auch die Ausgabe des ND am nächsten Tag, dem 14. August 1961. Auf der Titelseite wurde der Mauerbau als Maßnahme zum Schutze des Friedens bezeichnet, jener Maßnahme, die die Bevölkerung der DDR schon lange gefordert habe. Die Situation im östlichen Teil von Berlin las sich als Rückkehr zur Normalität, als Beruhigung, die endlich möglich geworden sei. Die Argumentation deutete das Geschehene als Vollendung eines Wunsches der DDR-Bevölkerung, in deren Sinne und Auftrag die Regierung der DDR gehandelt habe. Die Mauer unterscheide sich nicht von „Grenzen eines jeden souveränen Staates" (Neues Deutschland vom 14. August 1961).

Groß war ein Bild abgedruckt von zwei Männern mit Maschinenpistolen, begleitet von einer hämischen Bildunterschrift:

„Mit Wostok-Präzision sind die Maßnahmen unseres Staates abgerollt. Keiner hat's rausgekriegt, Dollars und Westmarkt haben nichts genutzt!' So urteilt Stangenzieher Klaus Abraham (links) aus den Berliner Metallhütten- und Halbzeugwerken. Einrichter Harald Gründel (rechts) ergänzt: ‚Was soll das hilflose Geschrei von Lemmer, Brandt und ihren Kumpanen? Das macht doch keinen Arbeiter weich. Mit meiner Maschinenpistole vertrete ich genauso wie an der Drehbank

eine ganz normale und gerechte Sache: Wir schützen unseren Staat, den Frieden und den Sozialismus'."
(Neues Deutschland vom 14. August 1961)

Auch in den Leitartikeln wurde der Mauerbau als Schutzmaßnahme zur Friedensbewahrung dargestellt, mit Wortbeiträgen aus ganz unterschiedlichen Gesellschaftsgruppen. So kam ein Lokomotivführer zu Wort, genauso wie der Direktor des Instituts für westdeutsches und ausländisches Zivilrecht der Humboldt-Universität, eine Assistenzärztin, ein LPG-Vorsitzender und ein Unteroffizier. Die Rede von Willy Brandt am Tage zuvor galt als ratloses Manöver, in der Logik der DDR-Regierung durchaus verständlich, denn Brandt habe den „organisierten Menschenhandel mit Bürgern der DDR" (Neues Deutschland vom 14. August 1961) für rechtens erklärt.

Die Berichterstattung am 15. August dominierten „Erfolgsmeldungen" zur „Sicherung des Friedens". Wiederum bekamen die Leser*innen Stimmen aus der Bevölkerung präsentiert, die dem Staat dazu gratulierten, die Maßnahmen ergriffen zu haben. In der Diktion des ND hieß dies dann:

„Der Beweis ist erbracht: In Deutschland ist eine solide Staatsmacht entstanden, die den barbarischen Militarismus in die Schranken weist."
(Neues Deutschland vom 15. August 1961)

Warum das notwendig war, erläuterte der folgende Abschnitt:

„Wer ist heute ein guter Deutscher? Bestimmt nicht Strauß, der Hitlers Nachfolger werden möchte, bestimmt nicht die Hinterbliebenen des Naziregimes, wie Heusinger, Speidel, Globke. Sie steuern auf eine atomare Katastrophe hin, vor der die Verbrechen Wilhelm II. und Hitlers am deutschen Volk verblassen würden. [...] Ein guter Deutscher ist Walter Ulbricht, seit Jahrzehnten ein gefürchteter Gegner des Militarismus, ein unermüdlicher Kämpfer für den Frieden."
(Neues Deutschland vom 15. August 1961)

In der Berichterstattung des 17. August und der folgenden Tage überwog die Berichterstattung über die erwartete „Tatenlosigkeit" der Westmächte, die sich ohnmächtig gegenüber den Maßnahmen der DDR gezeigt hätten. Die Westmächte seien orientierungslos, dazu gezwungen, die Initiativen zur „Friedenssicherung" in der DDR anzuerkennen. Damit wurde der Mauerbau in den Augen der Berichterstattung des Ostens legalisiert und als alternativlos dargestellt (Neues Deutschland vom 17. August 1961).

6. Zwischen Halbwahrheiten, Falschinformationen und Propaganda – Fazit zur offiziellen Begründung des Mauerbaus durch die DDR-Regierung

Wie die kurze Analyse gezeigt hat, benutzte die DDR-Regierung gezielt Lügen und Falschmeldungen, um die eigene Bevölkerung zu manipulieren, eigene Ziele zu verschleiern und sowohl die Bundesrepublik, die Verantwortlichen in West-Berlin und die Westalliierten zu verunglimpfen. Noch auf der Pressekonferenz hatte Ulbricht betont, dass niemand die Absicht habe, eine Mauer zu bauen, obwohl er schon Monate vorher bei Chruschtschow und den Warschauer-Pakt Staaten darauf gedrungen hatte, um den eigenen Staat nicht noch mehr ausbluten zu lassen. Als dann die Erlaubnis zur Errichtung der Mauer aus Moskau kam, wurde sie in einer Nacht- und Nebelaktion gebaut. Die eigene Bevölkerung wurde bewusst im Unklaren gelassen. Zu groß war die Angst vor Widerspruch, vor noch mehr Flüchtlingen gen Westen und vor einem Zusammenbruch des eigenen Staates. Der 17. Juni war noch keine zehn Jahre vorbei. Als der Mauerbau begann, sollten Pseudointerviews in der Zeitung belegen, dass die Regierung im Auftrag des Volkes gehandelt habe. In der propagandistischen Rechtfertigung der Presse wurden die Grenzgänger*innen dafür verantwortlich gemacht, dass der Staat Maßnahmen ergreifen musste, um die eigene Bevölkerung zu schützen. Sie wurden des Verrats und der Spionage für den Westen bezichtigt und damit als Handlanger der Kriegspartei beschrieben. Inwiefern die Berichterstattung jedoch die Bevölkerung in ihrer Wahrnehmung des Mauerbaus beeinflusst hat, inwiefern die Menschen die Manipulation und Lügen erkannten, ihnen aber trotzdem machtlos gegenüberstanden, ist eine ganz andere Frage. Viele Menschen, gerade im östlichen Teil Berlins, hatten ihre eigenen persönlichen Erfahrungen bis zum Sommer 1961, die ihnen keine staatlich gelenkte Zeitungsberichterstattung nehmen konnte. Den Menschen in der DDR war zum Teil sehr wohl bewusst, dass die Presse in einem totalitären System keine Mittler- oder Informationsrolle einnahm, sondern ein Vermittlerorgan der sozialistischen Führung und ihrer Propaganda war.

Literaturverzeichnis

Bloch, Marc (1985): *Auf der Suche nach Lüge und Irrtum*. In: M. Bloch (Hg.): Apologie der Geschichte oder der Beruf des Historikers. Klett: München, 73–86.

Bussemer, Thymian (2013): *Propaganda. Theoretisches Konzept und geschichtliche Bedeutung, Version: 1.0*. In: Docupedia-Zeitgeschichte, 2.8.2013 – http://docupedia.de/zg/Propaganda (Eingesehen am 23.3.2021).

Ines Soldwisch

Keil, Lars-Broder / Kellerhoff, Sven Felix (2017): *Fake news machen Geschichte, Gerüchte und Falschmeldungen im 20. und 21. Jahrhundert*. CH. Links: Berlin.

Barth, Volker/ Homberg, Michael (2018): *Fake News, Geschichte und Theorie falscher Nachrichten*. In: Geschichte und Gesellschaft 44, 619–642.

Sabrow, Martin (2019): *Fake Science? Wahrheit und Lüge im staatssozialistischen Geschichtsdenken*. In: ZeitRäume – Potsdamer Almanach des Leibniz-Zentrums für Zeithistorische Forschung, 111–132.

Schmeitzner, Mike (2019): *Diktatur des Proletariats, Version 22.10.2019*. In: Staatslexikon[8]online – https://www.staatslexikon-online.de/Lexikon/Diktatur_des_Proletariats (Eingesehen am 23.03.2021).

Weber, Hermann (2000): *Geschichte der DDR*. dtv: München.

Eisenfeld, Bernd / Engelmann, Roger (2001): *13.8.1961: Mauerbau, Fluchtbewegung und Machtsicherung*. Ed. Temmen: Bremen 2001.

Mählert, Ulrich (2009): *Kleine Geschichte der DDR*. Beck: München.

Neubert, Ehrhart (2006): *Revolution und Revisionismus in Sprache, Geschichte und Recht*. In: Totalitarismus und Demokratie 3, 47–77.

Mitter, Armin / Wolle, Stefan (1994): *Aufruf zur Bildung einer Arbeitsgruppe unabhängiger Historiker in der DDR (10. Januar 1990)*. In: R. Eckert u.a. (Hg.), Hure oder Muse? Klio in der DDR. Berliner Debatte: Berlin, 22–23.

Quellenverzeichnis

Protokoll der Unterredung: SAPMO-BArch, DY 30/3663. In: https://www.chronik-der-mauer.de/material/180094/niederschrift-der-unterredung-n-s-chruschtschows-mit-j-f-kennedy-in-wien-4-juni-1961-teil-2 (Eingesehen am 18.3.2021).

Dokumente zur Deutschlandpolitik IV/6 (1961), 925ff. In: https://www.chronik-der-mauer.de/material/178773/internationale-pressekonferenz-des-staatsrats-vorsitzenden-der-ddr-walter-ulbricht-in-ost-berlin-15-juni-1961 (Eingesehen am 18.3.2021).

Neues Deutschland vom 16. Juni 1950.

Neues Deutschland vom 13. August 1961.

Neues Deutschland vom 14. August 1961.

Neues Deutschland vom 15. August 1961.

Neues Deutschland vom 17. August 1961.

Gezielte Desinformation als Element hybrider Konflikte

Ralph Rotte

1. Hintergrund

Technologische Innovation hat seit jeher die Art und Weise geprägt, wie internationale Konflikte ausgefochten werden, auch wenn bislang faktisch alle „*revolutions in military affairs*" vor allem auch durch organisatorische, doktrinbezogene und oft sozioökonomische Veränderungen charakterisiert waren und technologische Überlegenheit keineswegs ein Garant für militärischen Erfolg ist (Rotte/Schmidt 2003; Rotte 2011). Je nach Ansatz und zeitlicher Reichweite werden im Feld der Konfliktforschung und *War Studies* mindestens vier „Generationen der Kriegführung" seit dem 17. Jahrhundert genannt (Rotte 2019: 117–122), welche sich durch grundsätzliche Veränderungen in der dominanten Form der Kriegführung unterscheiden, ohne dass damit andere (ältere) Formen in Gänze überholt worden wären. Vereinfacht kann man davon ausgehen, dass die Kriegführung parallel zur zunehmenden Komplexität von Gesellschaften und ihrer Interaktion im Zeitverlauf ebenfalls komplexer und vielschichtiger wird.

Seit dem Ende des Kalten Krieges sind dabei zwei Entwicklungen von zentraler Bedeutung: Einerseits sind hier der rasante technologische Fortschritt und die zunehmende Vernetzung von Gesellschaften zu nennen. Auch wenn die Globalisierung durch die Finanz- und die Covid-19-Krise Rückschläge erfahren hat, sind die Vernetzung und Interdependenz der Staaten und Gesellschaften gerade in ökonomischer, ökologischer und kommunikationsbezogener Hinsicht mittlerweile in einem Maße gewachsen, das historisch einmalig (Potrafke 2015; Altman/Ghemawat/Bastian 2019; Gygli u.a. 2019) ist. Dies hängt zweifellos auch mit der zunehmenden Digitalisierung zusammen, welche u.a. im Kontext neuer Militärtechnologien zum Tragen kommt. Seit den 1990er Jahren hat der technologische Fortschritt dazu geführt, dass mittlerweile eine ganze Reihe neuer Waffensysteme zur Verfügung stehen oder entwickelt werden, welche das herkömmliche Bild des Krieges, etwa nach dem Muster des Zweiten Weltkrieges zunehmend obsolet machen; man denke nur an hochpräzise Cruise Missiles und *smart bombs*, Hyperschall-Raketen, Stealth-Technologien, Drohnen, unbemannte Kampfflugzeuge,

Antiraketen-Laser, Anti-Satelliten-Waffen, automatisierte Waffensysteme, Infanteriekampfsysteme etc. (Knutsen 2012; Sutherland 2012). Die fortschreitende Digitalisierung führt zudem dazu, dass Cyberangriffe zum neuen Repertoire der Konfliktaustragung gehören, während der High-Tech-Kriegführung andererseits auch jahrhundert- oder gar jahrtausendlang tradierte Taktiken wie Guerillakrieg oder Terroranschläge entgegengesetzt werden (Murray/Mansoor 2012), wie augenfällig etwa in Afghanistan oder im Irak zu beobachten ist, vom steigenden Anreiz der Abschreckung durch Massenvernichtungswaffen ganz zu schweigen (Rotte 2009).

Der zweite Aspekt ist die zunehmend verschwimmende Grenze zwischen herkömmlichen bewaffneten Konflikten und anderen Formen der Auseinandersetzung, auf welche der traditionelle Kriegsbegriff mit seinem Fokus auf der Anwendung physischer Gewalt nunmehr schwer oder gar nicht anzuwenden ist. Unmittelbar deutlich wird dies etwa bei Cyberangriffen auf kritische Infrastrukturen (KRITIS), welche massiven und (vor allem für die Zivilbevölkerung) lebensbedrohlichen Schaden anrichten können – man denke nur an Krankenhäuser, Wasser- oder Elektrizitätswerke (Viganò/Loi/Yaghmaei 2018; Schroefl 2020). Solche Attacken passen jedoch nicht in herkömmliche völkerrechtliche Definitionen des Krieges als zwischenstaatlicher bewaffneter Konflikt, nachdem sie keine „kinetische" Gewaltanwendung darstellen (Rotte 2019: 148–159). Das Gleiche gilt für Versuche, etwa über soziale Medien Falschinformationen und Unsicherheit zu verbreiten, um den Zusammenhalt einer gegnerischen Gesellschaft zu unterminieren (Prier 2017; Rugge 2018; Bradshaw/Howard 2019), also für *information warfare*, um die es im vorliegenden Kontext schwerpunktmäßig gehen soll.

2. Der Kontext „postmoderner" Konfliktaustragung: Hybrid warfare

Zur Abbildung solcher komplexer und facettenreicher Konfliktbilder wird in der sicherheitspolitischen und strategietheoretischen und militärwissenschaftlichen Literatur mittlerweile meist der Begriff des „hybriden Krieges" verwendet (Hoffmann 2015; Ruiz Palmer 2015; Lanoszka 2016; Hoffmann 2018). Hybride Bedrohungen verbinden

> „military and non-military as well as covert and overt means, including disinformation, cyber attacks, economic pressure, deployment of irregular armed groups and use of regular forces. Hybrid methods are used

to blur the lines between war and peace, and attempt to sow doubt in the mind of target populations."
(NATO 2019)

Somit impliziert eine hybride Kriegführung

„the synchronized use of multiple instruments of power tailored to specific vulnerabilities across the full spectrum of societal functions to achieve synergetic effects."
(MCDC Countering Hybrid Warfare Project 2017: 8)

Allen Erklärungs- und Umschreibungsversuchen des Hybridkrieges gemeinsam ist dabei, dass es keine einfache Definition des Phänomens gibt, sondern vielmehr gerade seine Flexibilität und Vielseitigkeit sein wesentliches Charakteristikum darstellt. Der hybride Krieg ist damit

„ein Sammelbegriff, mit dem recht unterschiedliche Formen organisierter Gewalt sowie völkerrechtlich unzulässiger Einflussnahme auf einen anderen Staat bezeichnet werden. (...) Der Begriff ‚hybrider Krieg' verweist eher auf das, was nicht mehr der Fall ist, als dass er das Neue der veränderten Lage präzise zu bezeichnen vermag."
(Münkler 2015: 22)

Der gemeinsame Nenner aller Definitionsversuche des Hybridkrieges ist seine Interpretation als gesamtgesellschaftliche Form der Konfliktaustragung und Versuch, einen Feind mit allen verfügbaren Instrumenten militärischer und nichtmilitärischer, symmetrischer und asymmetrischer sowie offener und verborgener Art zu treffen und schließlich zu schlagen.

Es liegt entsprechend natürlich nahe zu fragen, ob der Begriff des „Krieges" mit seiner traditionellen Konnotation von physischer Gewaltanwendung (vor allem zwischen Staaten) auf diese Art von Auseinandersetzung überhaupt noch sinnvoll anzuwenden ist. Zugleich kann man darauf verweisen, dass sich mit der hybriden Kriegsführung am abstrakten Wesen des Krieges nichts ändert, ist der Krieg doch laut dem berühmten Diktum von Carl von Clausewitz in „Vom Kriege" (1. Buch, 1. Kapitel) bekanntlich

„nichts als ein erweiterter Zweikampf (...) [und] ein Akt der Gewalt, um den Gegner zur Erfüllung unseres Willens zu zwingen."
(von Clausewitz 1999: 25)

Auch nichtmilitärische Elemente des Hybridkrieges sind damit – im Rahmen eines verallgemeinerten Gewaltbegriffs – ein gängiges Mittel, um den Widerstandswillen eines Feindes zu brechen, d.h. im Zeitalter der alle Bereiche umfassenden Konfliktaustragung ein Instrument, das sich im Zweifel gegen die gesamte Bevölkerung oder wesentliche Teile davon richtet.

Aktuelle Konzeptionen der hybriden Kriegführung bestehen etwa in Form der von verschiedenen westlichen Beobachtern wohl etwas voreilig so genannten „Gerassimov-Doktrin" des russischen Generalstabchefs, der 2013 vor der Akademie der Militärwissenschaften Russlands eine diesbezügliche programmatische Rede zu „Grundlegenden Tendenzen der Entwicklung der Formen und Methoden des Einsatzes der Streitkräfte" hielt (Bartles 2016). Darin verwies er auf die steigende Relevanz des „Krieges durch nichtmilitärische Maßnahmen" bzw. „reflexive Kontrolle", d.h. Beeinflussung des Gegners auf allen Ebenen. Ein anderes Beispiel ist das 1999 erschienene Werk „Unrestricted Warfare" der beiden chinesischer Obristen Qiao Liang und Wang Xiangsui, in denen sie sozioökonomisch orientierte Maßnahmen der Volksrepublik China in einer indirekten Auseinandersetzung mit den (noch) militärisch überlegenen USA propagieren (Corn 2010).

3. Informationskrieg als Teil der hybrid warfare

Nicht zuletzt im Verständnis der russischen Außen- und Sicherheitspolitik bezieht sich der Begriff der *information warfare* auf die Konfrontation zweier oder mehr Staaten im Informationsraum, wobei versucht wird, Informationssysteme, Informationsverarbeitungsprozesse und Informationsressourcen von kritischer Bedeutung für den Anderen zu schädigen, dessen politisches, ökonomisches und soziales System zu unterminieren, Gesellschaft und Staat durch umfassende Beeinflussung der Bevölkerung zu destabilisieren und den Staat zu zwingen, im Sinne des Gegners zu handeln (Rotte 2019: 315). Informationskriegführung zielt als wesentlicher Teil der *hybrid warfare* also vordringlich auf die (kollektive) psychische Widerstandsfähigkeit einer gegnerischen Gesellschaft durch nichtmilitärische Maßnahmen.

Eine zentrale Rolle dabei spielen neben herkömmlichen Instrumenten wie regimegelenkten Medien (z.B. RT) und Propagandaorganen in erster Linie die neuen technologischen Möglichkeiten der Massenbeeinflussung, wie sie in Form sozialer Medien seit den 2000er Jahren rasant Verbreitung gefunden haben (Bradshaw/Howard 2019; Rotte 2019: 325–327; Tsetsoura 2020; Kranefeld 2021): Über Kanäle wie Facebook, Twitter, Telegram und andere Messengerdienste sowie entsprechende Internetplattformen können Desinformation – d.h.

„falsche oder zielgerichtet erzeugte Information, um einer Person, sozialen Gruppe, Organisation oder einem Land zu schaden" (Turcilo/Obrenovic 2020: 9) –

und Malinformationen –

d.h. „auf Wahrheit beruhende Informationen, die genutzt werden, um einer Person, einer Organisation oder einem Land zu schaden" (Turcilo/Obrenovic 2020: 9) –

etwa in Form von Fake News oder „alternativen Fakten" schnell, kostengünstig und großflächig oder bei Bedarf recht gezielt verbreitet werden. Dies wird durch den Einsatz von *social bots* oder *troll factories* (Giles 2015) sowie die Bewertungs- und Priorisierungsalgorithmen der sozialen Netzwerke selbst maßgeblich unterstützt. So können Zweifel an der Wahrheit etablierter Fakten und Normen gesät, gruppenspezifische Filterblasen, populistische Systemkritik, Feindbilder und Verschwörungstheorien gefördert sowie seriöse Medien, Experten und Eliten diskreditiert werden. *Information warfare* betrifft damit heute praktisch alle Bereiche von Gesellschaften, deren Funktionsfähigkeit, Zusammenhalt und Widerstandsfähigkeit nach innen und außen von einem Mindestmaß an geteilten Normen und damit einer vertrauenswürdigen Informationsbasis abhängen.

Prominente Beispiele für gezielte (in erster Linie russischen Akteuren zugeschriebene) Desinformationskampagnen, welche in der Regel eine Mischung aus selektierten und simplifizierten Tatsachen, Halbwahrheiten, Fehlinterpretationen und erfundenen „alternativen Fakten" darstellen, sind etwa

1. die „Operation Denver" des KGB ab 1985, in der die USA als Urheber des HI-Virus und damit der AIDS-Epidemie dargestellt wurden, um die amerikanische Vertrauenswürdigkeit bei Verbündeten und in der Dritten Welt zu unterminieren (Rid 2020: 298–311);
2. der „Fall Lisa" (Spahn 2018: 14–16; Schmalz 2019), bei dem die Falschmeldung der angeblichen Vergewaltigung eines deutsch-russischen Mädchens in Berlin Hellersdorf-Marzahn durch Flüchtlinge 2016 von russischen Medien zur Steigerung des Misstrauens gegenüber dem bundesdeutschen politischen System und der Xenophobie in der (Spät-)Aussiedler-Community instrumentalisiert wurde (Ähnliches wurde 2017 mittels Fake News über eine angebliche Vergewaltigung eines litauischen Mädchens durch Bundeswehrsoldaten in Litauen 2017 versucht (Bundesregierung 2017)); sowie
3. verschiedene „Corona-Mythen" seit 2020 (Amadeu Antonio Stiftung 2020), wonach z.B. das Covid-19-Virus von den USA oder China als

biologische Waffe geschaffen wurde, nichtexistent oder ungefährlich ist, der Unterdrückung der Bevölkerung durch Zwangsmaßnahmen wie Maskentragen oder Kontaktbeschränkungen dient, die Einführung einer von Bill Gates organisierten Impfdiktatur mit totaler Überwachung durch verimpfte Mini-Chips bezweckt, oder die die Bevölkerung der Erde aus Nachhaltigkeitsgründen (und wiederum auf Betreiben Bill Gates') drastisch reduzieren soll.

Wie beim Hybridkrieg insgesamt muss man allerdings auch hier wiederum darauf hinweisen, dass die Grundidee des Informationskrieges trotz der technologischen Neuerungen in ihrer operativen und taktischen Umsetzung alles andere als neu ist: So findet sich schon bei Sunzi (Sun Tsu) im sechsten Jahrhundert vor Christus die Sichtweise, dass jede Kriegführung auf Täuschung gründe:

„Der im Vorfeld und während eines Krieges beschrittene Weg ist ein mit List gepflasterter Weg."
(Sunzi 2011: 9)

4. Attraktivität der Informationskriegführung

Was macht den Informationskrieg im Rahmen hybrider Konflikte gerade heute so offensichtlich attraktiv, insbesondere für Staaten wie Russland (Darczewska 2014; Franke 2015; Giles/Seaboyer 2019; Hamilton 2019) oder die Volksrepublik China (Clarke 2019; Chan/Loftus 2020; Cochran 2020)? Hier spielen fünf Aspekte eine zentrale Rolle:

1. Hybridkriegführung einschließlich *information warfare* eignet sich insbesondere als Waffe des rein militärisch Schwächeren, v.a. gegenüber den noch immer konventionell überlegenen Vereinigten Staaten und/oder der NATO insgesamt. Wenn sich nach von Clausewitz (Vom Kriege, 1. Buch, 1. Kapitel) die

    „Widerstandskraft (des Gegners) (...) durch ein Produkt aus(drückt), dessen Faktoren sich nicht trennen lassen, nämlich: die Größe der vorhandenen Mittel und die Stärke der Willenskraft"
    (von Clausewitz 1999: 28),

    dann setzen die betreffenden Staaten angesichts der noch immer wahrgenommenen militärischen Dominanz der USA anstelle direkter militärischer Konfrontation mit all ihren Eskalationsgefahren bis hin zu einem nuklearen Schlagabtausch auf die Schwächung des gegnerischen (d.h. westlichen) Widerstandswillens als Ziel zur Umsetzung ihres strategischen Zwecks des Ausbaus der eigenen Machtposition (Pelleriti 2019).

2. Subversive Maßnahmen sind relativ kosteneffizient, nachdem der Aufwand von IT-Ausbildung und -Ausrüstung gegenüber militärischer Hochrüstung gering erscheint, zumal dabei eigene Verluste und eine militärische Eskalation (zumindest zunächst) weitgehend vermieden werden (Pelleriti 2019). Schließlich besteht laut Sunzi (2011: 3. Kapitel) die größte Leistung im Krieg darin, das

„feindliche Land (...) ohne Waffengewalt und Blutvergießen (...) gefügig [zu] machen (...)." (Sunzi 2011: 14)

3. Der Informationskrieg stellt als *measure short of war* keinen klassischen Krieg dar und ist daher schwierig völkerrechtlich einzuordnen, etwa im Hinblick auf das Recht zur gewaltsamen Selbstverteidigung nach Art. 51 der Charta der Vereinten Nationen. So sind etwa auch die Regeln 13 und 30 des *Tallinn Manual* der NATO, wonach auch Cyberattacken als Gewaltanwendung und damit als Auslöser für das Recht auf Selbstverteidigung gemäß Art. 51 UN-Charta interpretiert werden (Schmitt 2013: 54–61, 106–110), rechtlich durchaus umstritten (Rotte 2019: 328f.).

4. Damit bietet sich auch immer die Möglichkeit der Leugnung von Verantwortlichkeit und der Vermeidung einer eindeutigen Zuschreibung etwaiger aggressiver Aktivitäten. Nicht zuletzt entstehen die entscheidenden zerstörerischen Wirkungen der *information warfare* innerhalb der Zielgesellschaft, etwa dadurch, dass das Vertrauen in das bestehende politische System unterminiert wird, und nicht durch unmittelbaren Druck von außen. In den Worten von Clausewitz' in „Vom Kriege" (3. Buch, 10. Kapitel):

„Der Listige lässt denjenigen, welchen er betrügen will, die Irrtümer des Verstandes selbst begehen, die zuletzt in eine Wirkung zusammenfließend, plötzlich das Wesen des Dinges vor seinen Augen verändern."
(von Clausewitz 1999: 172)

5. Schließlich verfügen gerade die Staatsapparate der (ehemals) realsozialistischen Länder über eine besondere Expertise im Bereich der Subversion, die bereits während des Kalten Krieges (und davor) als Instrument der Auseinandersetzung mit den westlichen Demokratien und zur Verbreitung der sozialistischen Ideologie bzw. Vorbereitung einer

sozialistischen Machtübernahme genutzt wurde (Rotte 2019: 314–317; Rid 2020). Man denke nur an Methoden wie „*AgitProp*", „*Maskirovka*", „*Spetsnaz*", oder „fünfte Kolonne". Diese Expertise gewinnt offenbar durch den neuen globalen Systemwettbewerb wieder an praktischer Bedeutung.

5. *Die besondere Herausforderung für westliche, offene Gesellschaften*

Die besondere Attraktivität und Anwendung der *information warfare* ist dabei gerade für die westlichen Demokratien eine besondere und umfassende sicherheitspolitische Herausforderung (Rotte 2019: 328–331):

1. Informationsfreiheit und Demokratie gehören unmittelbar zusammen. Während es prinzipiell für autoritäre Regime kein Problem ist, entsprechende Grundrechte einzuschränken oder auszuhebeln, stehen etablierte demokratische Rechtsstaaten bei ihrer Reaktion auf Desinformation und hybride Bedrohungen im Allgemeinen vor der prekären Frage, inwieweit Maßnahmen zur Stabilisierung von Staat und Gesellschaft das Wesen des eigenen politischen Systems gefährden, etwa wenn es um die Grenzen der Meinungsfreiheit geht.
2. In diesem Sinne nutzt die antiwestliche *information warfare* eine eigentliche Stärke der Demokratie, nämlich letztlich die strukturelle Attraktivität einer offenen Gesellschaft, für antidemokratische Zwecke aus und versucht, sie ins Gegenteil zu verkehren: Liberale Grundrechte dienen als Einfallstor für letztlich freiheitsgefährdende Inhalte und Zwecke. Informationskriegführung ist damit stets fundamental mit der Frage nach der Wehrhaftigkeit der Demokratie gegen ihre Feinde verbunden.
3. Dabei profitiert sie auch von einem vielfach gegebenen mangelnden (Un-)Sicherheitsbewusstsein in der demokratischen Öffentlichkeit. Schließlich sind nach dem Ende des Kalten Krieges und der Einhegung des islamistischen Terrorismus unmittelbar sichtbare Bedrohungen rar, und die wohlhabenden Zivilgesellschaften des Westens tendieren zu einer postheroischen Weltwahrnehmung und streben eine Nutzung der „Friedensdividende" für anderweitige Zwecke, etwa im sozial- oder umweltpolitischen Bereich an. In kapitalistischen Marktwirtschaften werden technologische Entwicklungen zudem oft vor allem als ökonomische Chancen unter Vernachlässigung sicherheitspolitischer Erwägungen betrachtet; man denke beispielsweise an die häufig geradezu naiv erscheinende Herangehensweise an Innovationstrends wie Industrie 4.0 oder Künstliche Intelligenz (Rotte 2019: 329f.).

4. Gerade in Demokratien mit ihrer Abhängigkeit von einem informationsgestützten Grundkonsens über freiheitliche Werte führt – so zumindest das Ziel von Desinformation – eine Glaubwürdigkeitskrise öffentlicher Information (z.B. durch zielgruppenorientierte Fake News und „alternative Fakten") zu einer Krise des Vertrauens in etablierte politisch-gesellschaftliche Normen und Institutionen (z.B. Medien, Exekutivorgane, Justiz und Eliten) und damit schließlich zu einer Krise des politischen Systems insgesamt. Flankiert durch die finanzielle, organisatorische und ideologisch-propagandistische Unterstützung (rechts-) populistischer Parteien und Bewegungen schwächt dies die Attraktivität und die Widerstandsfähigkeit der liberalen, pluralistischen Demokratien und ihrer Kooperation, etwa in NATO und EU.

6. Reaktionsmöglichkeiten

Damit stellt sich natürlich die Frage nach den potenziellen Reaktionsmöglichkeiten gegenüber informationskriegsbezogenen Angriffen wie etwa groß angelegten, systematischen Desinformationskampagnen (CTDCT 2019; Rotte 2019: 330–333). Sechs Optionen lassen sich dabei unterscheiden:

1. Die einfachste und zugleich im Hinblick auf die Vertretung eigener politischer Werte und die Gestaltung einer regelbasierten internationalen Ordnung bedenklichste wäre eine Annäherung an den Gegner. So könnten die NATO- und EU-Staaten etwa den russischen Ambitionen im Hinblick auf die Anerkennung der Krim-Annexion oder die Hegemonie im GUS-Raum entgegenkommen. Dabei stellt sich jedoch das Problem, inwieweit eine solche, ausgesprochen realpolitisch geprägte Reaktion mit demokratisch-rechtstaatlichen Prinzipien vereinbar wäre und nicht ein kontraproduktives Appeasement darstellen würde.
2. Systematischer Desinformation könnte man mit Aufklärung und Richtigstellung entgegenwirken (Turcilo/Obrenovic 2020: 32f.), wie dies gegenwärtig die EU und die NATO mit verschiedenen Initiativen bereits versuchen. So hat das Programm „EU vs. Desinfo" seit 2015 rund 5.000 Desinformationsnachrichten fast ausschließlich russischer Herkunft identifiziert und in 18 Sprachen Korrekturen publiziert. Allerdings ist fraglich, ob sich Aufwand und Ertrag die Waage halten, denn schließlich gibt es noch kein umfassendes automatisiertes Erkennungssystem für Desinformation (Rietjens 2020), und ob die Adressa-

ten solcher Fake News auf diese Weise in ihren Filterblasen überhaupt erreichbar sind, erscheint mehr als fraglich.
3. Die westlichen Demokratien könnten Gegenpropaganda betreiben und ihrerseits versuchen, durch gezielte Desinformation das innergesellschaftliche Vertrauen etwa in die russische und chinesische Staatsführung zu unterminieren und so zu einer Art Abschreckungsgleichgewicht im (Des-) Informationsraum zu gelangen (Bendiek/Metzger 2015). Auch hier ergeben sich jedoch deutliche Fragezeichen hinsichtlich der Effektivität (z.B. aufgrund der besseren Informationskontrolle durch autoritäre Regimes), der Legitimation (wegen der Verletzung demokratischer Werte) und der Eskalationsgefahr einer solchen Gegenstrategie.
4. Analoges gilt, wenn man, statt offensiv zu reagieren, strikt defensiv versucht, sich von Desinformation abzuschotten, erfordert dies doch wiederum ein Identifikations- und Frühwarnsystem für Desinformation sowie rechtsstaatlich und demokratietheoretisch bedenkliche Instrumente wie Zensur oder die Sperrung von Webseiten und sozialen Medien, wie dies in Russland, in der Volksrepublik China oder im Iran üblich ist. Auch hier besteht die Gefahr, dass der Gegenseite propagandistische Argumente an die Hand gegeben werden, die das Vertrauen in das demokratische System weiter erodieren lassen, etwa durch den Hinweis auf die Verletzung von Grundrechten.
5. Immer wieder wird auf die Notwendigkeit verwiesen, durch politische Bildung und erhöhte Medienkompetenz die Resilienz gegenüber Desinformation zu stärken (Turcilo/Obrenovic 2020: 33f.). Durch verbesserte Informiertheit und Kritikfähigkeit der Bürger, inklusive insbesondere der Bediensteten der öffentlichen Hand, z.B. in (selbst-) kritischen Sicherheits- und Justizorganen, soll entsprechenden Beeinflussungsversuchen eine robuste Widerstandsfähigkeit im Sinne demokratischer Mündigkeit entgegengesetzt werden (CTDCT 2019; Wigell 2019). Allerdings ergeben sich hier wiederum Probleme hinsichtlich der Dauer eines solchen Kompetenzaufbaus, des damit verbundenen Aufwandes und zielführender Methoden sowie der grundsätzlichen Erreichbarkeit und Ansprechbarkeit von relevanten (selbst-) isolierten Gruppen in ihren Informationsblasen.
6. Schließlich wird darauf hingewiesen, dass eine Gesellschaft weniger anfällig für Desinformationskampagnen ist, wenn politisches Handeln zur Wiedergewinnung von Vertrauen in die öffentlichen Institutionen führt. Die Resilienz gegenüber *information warfare* soll beispielsweise mittels höherer Zufriedenheit mit dem politischen und sozioökonomischen System gesteigert werden, z.B. durch eine entsprechende

bürgernahe Sozial- und Wirtschaftspolitik. Hier lässt sich zunächst einwenden, dass es gar nicht so klar erwiesen scheint, dass der angenommene einfache Wirkungszusammenhang zwischen realem wie wahrgenommenem sozioökonomischen Status, Unzufriedenheit mit dem „System" und Anfälligkeit für Fake News und Populismus überhaupt eine ausreichende Ursachenanalyse darstellt, um darauf eine Gegenstrategie zu basieren. Darüber hinaus stellt sich natürlich die Frage, wie weit im Rahmen eines offenen demokratischen Rechtsstaats überhaupt ein Entgegenkommen gegenüber populistischen Forderungen, z.B. in der Migrations- oder Minderheitenpolitik, möglich ist. In jedem Fall ergibt sich jedoch, dass die Verteidigung gegen Informationskriegführung mittels gezielter Desinformationskampagnen nur als gesamtgesellschaftliche Anstrengung gelingen kann (CTDCT 2019; Wigell 2019).

Literaturverzeichnis

Altman, Steven A. / Ghemawat, Pankaj / Bastian, Phillip (2019): *DHL Global Connectedness Index 2018. The State of Globalization in a Fragile World*. Deutsche Post DHL Group: Bonn.

Amadeu Antonio Stiftung (Hg.) (2020): *Wissen, was wirklich gespielt wird... Krise, Corona und Verschwörungserzählungen*. Amadeu Antonio Stiftung: Berlin (2. Aufl.).

Bartles, Robert B. (2016): *Getting Gerasimov Right*. In: Military Review 96/1, 30–38.

Bendiek, Annegret / Metzger, Tobias (2015): *Deterrence theory in the cyber-century. Lessons from a state-of-the-art literature review*. In: D. W. Cunningham u.a. (Hg.), INFORMATIK 2015. Gesellschaft für Informatik: Bonn, 553–570.

Bradshaw, Samantha / Howard, Philip N. (2019): *The Global Disinformation Disorder: 2019 Global Inventory of Organised Social Media Manipulation (Project on Computational Propaganda Working Paper 2019.2)*. Oxford University: Oxford.

Bundesregierung (2017): *Antwort auf die Kleine Anfrage der Abgeordneten Andrej Hunko, Sevim Dagdelen, Annette Groth, weiterer Abgeordneter und der Fraktion DIE LINKE „Berichte über angeblich russische Desinformationskampagne in Litauen"*. Bundestagsdrucksache 18/11678, 19. April 2017.

Chan, Eric / Loftus, Peter (2020): *Chinese Communist Party Information Warfare. US-China Competition during the COVID-19 Pandemic*. In: Journal of Indo-Pacific Affairs 3/2, 146–158.

Clarke, Michael (2019): *China's Application of the "Three Warfares" in the South China Sea and Xinjiang*. In: Orbis 63/2: 187–208.

Clausewitz, Carl von (1999): *Sämtliche Schriften „Vom Kriege"* (Bd. 1: Vom Kriege). Mundus: Stuttgart.

Cochran, Edwin (2020): *China's "Three Warfares": People's Liberation Army Influence Operations*. In: International Bulletin of Political Psychology 20/3: Article 1 -https://commons.erau.edu/ibpp/vol20/iss3/1 (Eingesehen am 04.11.2021).

Corn, Tony (2010): *Peaceful Rise through Unrestricted Warfare: Grand Strategy with Chinese Characteristics*. In: Small Wars Journal 6 – https://smallwarsjournal.com/blog/journal/docs-temp/449-corn.pdf (Eingesehen am 2.3.2021).

CTDCT (Combatting Targeted Disinformation Campaigns Team) (2019): *Combatting Targeted Disinformation Campaigns. A whole-of-society issue* (Public-Private Analytical Exchange Program Report). U.S. Department of Homeland Security: Washington D.C.

Darczewska, Jolanta (2014): *The Anatomy of Russian Information Warfare. The Crimean operation, a case study*. OSW (Centre for Eastern Studies): Warschau.

Franke, Ulrik (2015): *War by non-military means. Understanding Russian information warfare*. FOI (Swedish Defence Research Agency): Stockholm.

Giles, Keir (2015): *The information war: Putin's troll factories*. In: The World Today 71/4, 19.

Giles, Keir / Seaboyer, Anthony (2019): *The Russian Information Warfare Construct*. Defence R&D Canada: Toronto.

Gygli, Savina u.a. (2019): *The KOF Globalisation Index – revised*. In: Review of International Organizations 14/3, 543–574.

Hamilton, Robert E. (2019): *Russia's Attempts to Undermine Democracy in the West: Effects and Causes*. In: Orbis 63/3, 334–348.

Hoffmann, Frank G. (2015): *The Contemporary Spectrum of Conflict: Protracted, Gray Zone, Ambiguous, and Hybrid Modes of War*. In: D. L. Wood (Hg.), 2016 Index of U.S. Military Strength. Assessing America's Ability to Provide for the Common Defense. Heritage Foundation: Washington D.C., 25–36.

Hoffmann, Frank G. (2018): *Examining Complex Forms of Conflict. Gray Zone and Hybrid Challenges*. In: Prism – Journal of Complex Operations 7/4, 31–47.

Knutsen, Dale E. (2012): *Strike Warfare in the 21st Century*. Naval Institute Press: Annapolis MD.

Kranefeld, Theodor (2021): *The Digitization of Disinformation Campaigns*. LIT-Verlag: Münster.

MCDC Countering Hybrid Warfare Project (2017): *Understanding Hybrid Warfare. A Multinational Capability Development Campaign project*. Ministry of Defence: London.

Münkler, Herfried (2015): *Hybride Kriege. Die Auflösung der binären Ordnung von Krieg und Frieden und deren Folgen*. In: Ethik und Militär 2, 22–25.

Murray, Williamson A. / Mansoor, Peter R. (Hg.) (2012): *Hybrid Warfare. Fighting Complex Opponents from the Ancient World to the Present*. Cambridge University Press: Cambridge.

NATO (2019): *NATO's response to hybrid threats* (Last updated: 08 Aug. 2019). In: https://www.nato.int/cps/en/natohq/topics_156338.htm (Eingesehen am 12.2.2021).

Pelleriti, John A. u.a. (2019): *The Insufficiency of U.S. Irregular Warfare Doctrine*. In: Joint Forces Quarterly 27, 104–110.

Potrafke, Niklas (2015): *The Evidence of Globalisation*. In: The World Economy 38/3, 509–552.

Prier, Jarred (2017): *Commanding the Trend: Social Media as Information Warfare*. In: Strategic Studies Quarterly 11/4, 50–85.

Rid, Thomas (2020): *Active Measures. The Secret History of Disinformation and Political Warfare*. Profile Books: London.

Rietjens, Sebastiaan (2020): *A warning system for hybrid threats – is it possible?* (Hybrid CoE Strategic Analysis 22). European Centre of Excellence for Countering Hybrid Threats: Helsinki.

Rotte, Ralph (2009): *Kriegsbilder im Wandel: Politische und gesellschaftliche Herausforderungen*. In: FifF Kommunikation. Zeitschrift des Forums InformatikerInnen für Frieden und gesellschaftliche Verantwortung 26/1, 23–26.

Rotte, Ralph (2011): *Technological Change and Operational Success in Modern War: A Historical View on RMA*. In: R. Rotte / C. Schwarz (Hg.): International Security and War. Policy and Grand Strategy in the 21st Century. Nova Science Publishers: New York, 117–133.

Rotte, Ralph (2019): *Das Phänomen Krieg. Eine sozialwissenschaftliche Bestandsaufnahme*. Springer VS: Wiesbaden.

Rotte, Ralph / Schmidt, Christoph M. (2003): *On the Production of Victory: Empirical Determinants of Battlefield Success in Modern War*. In: Defence and Peace Economics 14/3: 175–192.

Rugge, Fabio (2018): *"Mind Hacking": Information Warfare in the Cyber Age. ISPI Analysis 319, Januar 2018*. Istituto per gli Studi di Politica Internazionale: Mailand.

Ruiz Palmer, Diego A. (2015): *Back to the future? Russia's hybrid warfare, revolutions in military affairs, and Cold War comparisons*. In: NATO Defense College Research Paper 120.

Schmalz, Tatjana (2019): *Zur medialen Integration russlanddeutscher (Spät-) Aussiedler nach dem Fall Lisa und ihrer Mediendarstellung bis zur Bundestagswahl 2017*. In: Zeitschrift für Slawistik 64/3, 445–464.

Schmitt, Michael N. (Hg.) (2013): *Tallinn Manual on the International Law applicable to Cyber Warfare*. Cambridge University Press: Cambridge.

Schroefl, Josef (2020): *Cyber power is changing the concept of war* (Hybrid CoE Strategic Analysis 21). European Centre of Excellence for Countering Hybrid Threats: Helsinki.

Spahn, Susanne (2018): *Russische Medien in Deutschland. Unabhängiger Journalismus oder politisches Instrument?* Friedrich-Naumann-Stiftung: Potsdam.

Sunzi (2011): *Meister Suns Kriegskanon*. Reclam: Stuttgart.

Sutherland, Benjamin (Hg.) (2012) *Modern Warfare, Intelligence and Deterrence. The technologies that are transforming them*. Wiley & Sons: London.

Tsetsoura, Katerina u.a. (2020): *Trends in the Contemporary Information Environment* (Hybrid CoE Trend Report 4). European Centre of Excellence for Countering Hybrid Threats: Helsinki.

Turcilo, Lejla / Obrenovic, Mladen (2020): *Fehlinformationen, Desinformationen, Malinformationen: Ursachen, Entwicklungen und ihr Einfluss auf die Demokratie* (E-Paper Demokrate im Fokus Nr. 3). Heinrich-Böll-Stiftung: Sarajevo.

Viganò, Eleonora / Loi, Michele / Yaghmaei, Emad (2018): *Cybersecurity of Critical Infrastructure*. In: M. Christen u.a. (Hg.): The Ethics of Cybersecurity (The International Library of Ethics, Law and Technology 21). Springer Nature Switzerland: Basel 157–177.

Wigell, Mikael (2019): *Democratic Deterrence. How to dissuade hybrid interference* (FIIA Working Paper 110). Finnish Institute of International Affairs: Helsinki.

Fake News und Verschwörungen in digitalen Medien

Joachim Allgaier

Abstract

Vieles deutet drauf hin, dass sich die Verbreitung von Falschinformationen und Verschwörungsgerüchten in jüngster Zeit erhöht hat. Es ist schwierig den Begriff Fake News eindeutig zu definieren, deshalb sollten Falschinformationen z.b. anhand von *Faktizität* (Grad der Abweichung von der Wahrheit) und *Intentionalität*, also der Absicht, die hinter ihrer Verbreitung steckt, unterschieden werden. Digitale Kommunikation und insbesondere soziale Medien, bei denen es in der Regel keine Qualitätskontrolle gibt, haben die Verbreitung von gezielten Fehlinformationen (*Desinformation*) vereinfacht und z.T. auch befeuert. In einigen extremen Fällen schaffen Internetplattformen wie z.B. YouTube sogar Anreize für die Verbreitung von absichtlichen Falschinformationen, z.B. wenn mit deren Verbreitung Geld verdient werden kann (*Monetarisierung*). Die Bekämpfung von Desinformation im Internet und darüber hinaus ist ein komplexes und drängendes gesellschaftliches Problem, für das es bislang keine einfachen Lösungen gibt. Es zeichnet sich ab, dass sich dieses Problem über politische Regulierungen oder Selbsterklärungen durch die großen Internetplattformen alleine nicht bewältigen lassen wird.

1. Einführung

Subjektiv haben viele Menschen in Deutschland das Gefühl, dass Fake News bzw. Fehlinformationen seit dem Auftreten des neuartigen Coronavirus und dem Ausbruch der COVID-19-Epidemie in Deutschland stark zugenommen haben. Die Vodafone Stiftung (2020) wollte dies genauer wissen und hat deshalb eine repräsentative Befragung in Auftrag gegeben, in der 2.064 Jugendliche und junge Erwachsene im Alter von 14 bis 24 Jahren zu ihrem Umgang mit „Falschnachrichten" befragt wurden. Die Ergebnisse sind eindeutig; die Befragten äußerten mehrheitlich, dass ihnen wesentlich mehr Falschnachrichten begegnen würden als zuvor:

> „Die große Mehrheit (76 Prozent) der 14- bis 24-Jährigen in Deutschland sieht mindestens einmal pro Woche Falschnachrichten online oder in sozialen Medien. Das sind 50 Prozent mehr als noch vor zwei Jahren. Zudem hat sich die Zahl derjenigen, die mehrmals täglich auf Falschnachrichten stoßen, in diesem Zeitraum fast verdoppelt."
> (Vodafone Stiftung 2020: 4)

Joachim Allgaier

Dabei hat über ein Drittel der Befragten Probleme damit, Falschnachrichten überhaupt als solche zu erkennen. Je niedriger das Bildungsniveau der Befragten ist, desto schwerer fällt es ihnen, die Qualität von vorgefunden Informationen einordnen zu können und glaubwürdige Informationen von unglaubwürdigen zu unterscheiden. Hierbei assoziieren drei Viertel der befragten jungen Menschen mit dem Begriff Falschnachrichten vor allem digitale Inhalte sowie betrügerische Absichten. Allerdings denken 45 Prozent bei Falschnachrichten auch an klassische Medien wie Zeitungen, Radio oder Fernsehen (Vodafone Stiftung 2020: 4).

2. Fehlinformation und Desinformation statt Fake News

Bevor wir tiefer in die Thematik eintauchen und vor allem die Rolle der digitalen Medien in diesem Zusammenhang fokussieren, ist es sinnvoll, einige grundlegende Begriffe zu klären. Hier möchte ich mich zuerst auf die Begriffe Fake News bzw. „Falschnachrichten" konzentrieren. Es gibt eine Reihe von Gründen, diesen Begriff aus wissenschaftlicher Sicht eher vorsichtig zu verwenden und durch präzisere Begriffe zu ersetzen. Denn zum einen ist es sehr schwierig das Phänomen Fake News definitorisch zu fassen, denn wer was als Fake News ansieht, unterscheidet sich je nach Standpunkt zum Teil gewaltig. Zusätzlich ist es so, dass autoritär ausgerichtete Politiker*innen den Begriff zunehmend verwenden, um Medienorganisationen und vor allem kritische Journalist*innen als Ganzes („The Fake Media") anzugreifen, entsprechende Restriktionen gegen sie auszusprechen und so freie Berichterstattung zu behindern (Wardle/Derakhshan 2017). Außerdem wird der Begriff insbesondere im Englischen mit textbasierten Fehlinformationen assoziiert. Dabei spielen visuelle Medien und Formate (z.B. Bildmaterial, Animationen, Videos) wie auch Audioformate insbesondere online eine wichtige Rolle in der Verbreitung von Fehlinformationen und insbesondere visuelle Darreichungsformen können sogar wesentlich überzeugender sein als andere Formen der Kommunikation (z.B. Birdsell/Groarke 1996).

Für die wissenschaftliche Betrachtung des Problems ist es daher zielführend, das Phänomen der zunehmenden Verbreitung von Fake News bzw. Falschnachrichten etwas weiter aufzuschlüsseln. Zum Ersten empfiehlt es sich beispielsweise nach dem Grad der „Falschheit" bzw. „Richtigkeit" (*Faktizität*) von Fehlinformation zu unterscheiden – also der Frage, wie weit die Nachricht von der Wahrheit entfernt liegt; wurde nur ein kleiner Detailfehler gemacht oder ist die Nachricht komplett erfunden? Zum Zweiten spielt die Frage der Absicht hinter der Falschnachricht (*In-*

tentionalität) eine große Rolle; wurde lediglich ein unabsichtlicher Flüchtigkeitsfehler übersehen oder wurde eine Unwahrheit gezielt mit einer bestimmten Intention behauptet (Möller/Hameleers/Ferreau 2020)?

Insbesondere in der englischsprachigen Literatur zum Thema werden dafür drei hilfreiche Begriffe unterschieden: *Mis-information, Dis-information* und *Mal-information* (z.B. Wardle/Derakhshan 2017: 20–22). Bei *Misinformation* handelt es sich um Informationen, die nicht richtig sind, die jedoch ohne die Absicht jemandem zu schaden verbreitet wurden. Bei *Disinformation* (auf Deutsch: Desinformation) handelt es sich hingegen um Informationen, die absichtlich nicht der Wahrheit entsprechen, mit der Intention einer Person, einer sozialen Gruppe, einer Organisation oder einer Nation zu schaden. Gerüchte und Behauptungen über angebliche Verschwörungen[1] sind hier als eine Form von Desinformation zu betrachten, da es in ihnen immer auch darum geht, bestimmten Akteur*innen, Organisationen etc. die Schuld für finstere Machenschaften zuzuschreiben, die anderen angeblich schaden. *Malinformation* sind Informationen, die faktisch zwar richtig sind, die aber benutzt werden, um einer Person, einer Organisation oder einem Land gezielt Schaden zuzufügen (etwa, wenn der reale Name und die Privatadresse gegen den Willen einer bestimmten Person im Internet veröffentlicht werden, um diese in ihrer Privatsphäre zu stören. Man nennt diese Taktik *Doxing*).

Nach Wardle und Derakhshan (2017: 22–48) sind weitere Faktoren wichtig, um die Ausbreitung von Fehlinformationen besser zu verstehen, etwa die zeitlichen Phasen („*Creation, Production, Distribution*") sowie Elemente und Akteure („*Agent, Message, Interpreter*") der Verbreitung und Rezeption. Insbesondere im Internet spielen zudem sogenannte Filterblasen und Echokammern (Wardle/Derakhshan, 2017: 49–56) eine wichtige Rolle, die etwa dazu beitragen können, dass Internetnutzern nur ein bestimmtes Meinungsspektrum und keine Informationsvielfalt präsentiert wird. Auf diese spielen auch Nocun und Lamberty an, wenn sie den Zusammenhang von Internet, sozialen Medien und Verschwörungsmythen wie folgt bewerten:

„Das Internet allein trägt nicht die Schuld für die Verbreitung von Verschwörungsmythen. Trotzdem ist es wichtig festzuhalten, dass das

---

[1] In der Literatur zum Thema finden sich hierfür verschiedene Begriffe. International ist der Begriff der Verschwörungstheorie („Conspiracy Theory") geläufig. In der deutschsprachigen Literatur wird z.B. auch von Verschwörungsmythen, Verschwörungsideologien oder Verschwörungserzählungen gesprochen (z.B. Butter 2020).

> Internet einige grundlegende Parameter verändert hat. Heute sind Verschwörungsideologien nicht mehr primär auf klassische Medien angewiesen, wenn sie ein Massenpublikum erreichen wollen. Neben eigenen Plattformen nutzen sie vor allem populäre Dienste wie Facebook, Twitter, Instagram und YouTube. Nicht selten sind diese Plattformen auch der Ort, an dem spätere Anhänger das erste Mal mit entsprechenden Inhalten in Kontakt kommen. Innerhalb der populären Online-Plattformen haben sich in den vergangenen Jahren geradezu eigene Informationsökosysteme gebildet. In Social-Media-Gruppen wird Kontakt zu Gleichgesinnten vermittelt, die sich gegenseitig in ihrem Glauben bestärken. Insbesondere YouTube beherbergt eine Vielzahl von Parallelwelten, in denen es etwa heißt, die Erde sei eine Scheibe, Chemtrails[2] vergiften die Menschen, und Hitler lebe auf einem geheimen Stützpunkt in der Antarktis."
> (Nocun/Lamberty 2020: 127)

Inzwischen gibt es eine beeindruckende Anzahl an Studien und Publikationen zum Thema Desinformation und Verschwörung in digitalen und sozialen Medien, die nicht leicht zu überblicken und zu bewerten ist. Zudem handelt es sich dabei um ein sehr dynamisches Feld, das sich in stetiger Veränderung befindet; Algorithmen und Nutzerverhalten verändern sich beständig und neue Social Media- und andere Online-Plattformen entstehen, während andere immer weniger genutzt werden und absterben (z.B. Allgaier 2020a).

3. Erkenntnisse zu Falschnachrichten in sozialen Medien

Eine herausragende Studie zur Verbreitung von Falschnachrichten in Sozialen Medien wurde 2018 veröffentlicht. Darin sahen sich Vosough, Roy und Aral (2018) das Ausbreitungsverhalten von faktisch falschen Informationen auf dem Kurznachrichtendienst *Twitter* an wobei sie nachweisen konnten, dass sich Fehlinformationen auf dieser Plattform schneller und auch weiter verbreiteten, als die inhaltlich richtigen Nachrichten. In ihrem

---

[2] Das Wort Chemtrails setzt sich zusammen aus Contrails (Condensation Trails / Kondensstreifen) und Chemicals (Chemikalien). Anhänger dieser Verschwörungstheorie glauben, dass Flugzeuge absichtlich giftige Subtanzen versprühen, die für Menschen, Tiere und Pflanzen schädlich sind, und die man in Form weißer Streifen (=Chemtrails) am Himmel sieht. Aus wissenschaftlicher Sicht gibt hierfür keine Beweisgrundlage (z.B. Shearer 2016).

Beitrag kommen die Autoren außerdem zu dem Schluss, dass es weniger automatisierte Mechanismen sind, sondern eher die Plattformnutzer selbst, die die Fehlinformationen weiterverbreiten. Nichtsdestotrotz ist aber unbestritten, dass auch nicht-menschliche Akteure wie Algorithmen und Bots eine wichtige Rolle in der Verbreitung von Fehlinformationen und Verschwörungstheorien spielen. Allerdings scheitert eine umfassende wissenschaftliche Bearbeitung des Problems in der Regel an der Intransparenz der großen Social Media-Plattformen, die der Forschung nur vereinzelt Daten zugänglich machen und die genauen Funktionsmechanismen und Wirkungsweisen der eingesetzten Algorithmen nicht öffentlich darlegen (z.B. Sängerlaub 2019).

Auch einzelne Menschen mit großer Gefolgschaft auf Social Media Plattformen (z.B. Prominente, Influencer*innen) können bereits enormen Schaden anrichten. So kam etwa eine amerikanische Studie zu Falschnachrichten im Zuge der COVID-19-Pandemie zu dem Schluss, dass der damals amtierende US-Präsident Donald Trump der größte Verbreiter von Fehlinformationen war (Evanega 2020). Als vergleichsweise sicher gilt, dass Desinformationen Wirkungen zeigen. Illustriert wird dies etwa durch die Feststellung, dass in den Teilen der USA, die durch die COVID-19-Pandemie am stärksten betroffen waren, in den Präsidentschaftswahlen im Jahr 2020 „mit überwältigender Mehrheit" für Donald Trump gestimmt wurde, obwohl das Pandemie-Management der Trump Administration von wissenschaftlicher Seite als unzureichend und verantwortungslos kritisiert wurde (Johnson/Finger/Deshpande 2020).

Nachdem es nach der Bekanntgabe der Wahlergebnisse im Januar 2021, laut denen Donald Trump nicht wiedergewählt wurde, zum Sturm auf das Capitol kam, sperrten die größten amerikanischen Social Media Plattformen (Facebook, YouTube und Twitter) die betreffenden Konten von Trump und die einiger Verbündeter wegen des Verstoßes gegen Benutzer*innen-Richtlinien, der Verbreitung von Fehlinformation (z.B. dass Trump in Wahrheit die Präsidentschaftswahlen gewonnen hätte) und der möglichen Anstachelung zu Gewalt. Das Analyse-Unternehmen Zignal Labs stellte bereits eine Woche nach dieser Sperrung einen Rückgang von Desinformation zum Thema möglicher Wahlbetrug in den Vereinigten Staaten um 73 Prozent fest (Dwoskin/Timberg 2021).

Ein grundsätzliches Problem sozialer Medien ist, dass fast alle sie benutzen können, um Beiträge, Neuigkeiten und Informationen, ob richtig oder unwahr, zu verbreiten. Während es in journalistischen Qualitätsmedien und wissenschaftlichen Publikationen eine Qualitätskontrolle gibt, findet in vielen sozialen Medien oftmals nur eine automatische Filterung statt, die beispielsweise Pornographie oder extreme Gewaltdarstellungen aussortiert. Diese automatisierten Filterungssysteme tun sich in der Regel schwer damit, den Wahrheitsgrad einer bestimmten Aussage zu überprüfen oder z.B. überspitzte Satire und Ironie von sachlicher Berichterstattung zu unterscheiden.

Erschwerend kommt nun hinzu, dass sich ein Großteil der Bevölkerung heute über Zeitgeschehen, Wissens- und z.B. auch Gesundheitsthemen mittels Social Media-Plattformen informiert, wobei durch personalisierte Angebote oftmals unterschiedliche Informationen angeboten werden.

4. Das Beispiel YouTube

Eine repräsentative Studie (Medienpädagogischer Forschungsverbund Südwest 2020), für die 1.200 Jugendliche im Alter von zwölf bis 19 Jahren in Deutschland befragt wurden, zeigt beispielsweise, dass das Video-Portal YouTube seit Jahren das liebste Internetangebot der Zwölf- bis 19-Jährigen ist. Wenn es um das Recherchieren von Informationen geht, sind lediglich Suchmaschinen, allen voran Google (88 Prozent), noch beliebter. Für zwei Drittel (65 Prozent) der Befragten ist YouTube eine regelmäßige Anlaufstelle zur Klärung von Wissensfragen und Informationsquelle für Themen aller Art. Wikipedia und vergleichbare Online-Enzyklopädien werden hingegen nur noch von vier von zehn Jugendlichen regelmäßig in Anspruch genommen.

Zum einen ist hier interessant, dass die beiden beliebtesten Informationsangebote zum selben US-amerikanischen Medien- und Technologieimperium Alphabet Inc. gehören. Zum anderen, dass YouTube nach Google nicht nur in Deutschland, sondern auch weltweit die zweitbeliebteste Suchmaschine ist. Allerdings ist unklar, welche Informationen Nutzerinnen und Nutzer eigentlich finden, wenn sie YouTube als Informationsquelle oder Recherchewerkzeug benutzen.

Um mehr darüber herauszufinden, wurden in einer explorativen Studie unterschiedliche anonymisierte Nutzer*innenprofile verwendet, um auf YouTube bestimmte Begriffe zum Themenbereich Klima und Klimawandel zu suchen (Allgaier 2019). Die daraufhin angezeigten Videos wurden dahingehend untersucht, ob sie der wissenschaftlichen Sichtweise zum Thema entsprechen, eine Für-und-Wider-Position einnehmen, dem wissenschaftlichen Konsens zum Thema explizit widersprechen oder völlig wissenschaftsferne Verschwörungstheorien verbreiten. Die Ergebnisse sind ernüchternd. Die Mehrheit (107 Videos) der 200 untersuchten Videos vertrat eine Sichtweise, die der wissenschaftlichen Sichtweise entgegensteht. 16 Videos behaupteten, dass es keinen menschengemachten Klimawandel gibt und 91 Videos propagierten *Chemtrails* Verschwörungstheorien. Besonders interessant an dieser Studie ist, dass es *Chemtrails* Verschwörungstheoretikern gelungen ist, auf YouTube ursprünglich wissenschaftliche Begriffe wie *Climate Engineering* oder *Geoengineering* erfolgreich zu kapern. Das bedeutet, wenn man auf YouTube nach bestimmten wissenschaftlichen Begriffen sucht, kann man auch Desinformation wie z.B. verschwörungstheoretische Inhalte vorgeschlagen bekommen. Insgesamt wurden die wissenschaftlich korrekten Videos etwas häufiger angesehen (insgesamt 16.941.949 Ansichten), aber die wissenschaftsfeindlichen Videos wurden fast gleich oft angesehen (16.939.655 Ansichten) und hier waren es insbesondere die Videos über die angebliche *Chemtrails* Verschwörung, die besonders hohe Klickzahlen aufwiesen. Ergänzend sollte hier erwähnt werden, dass auch bei der Suche nach wissenschaftlichen Begriffen auf Google und insbesondere sogar innerhalb der akademischen Suchmaschine von Google, Google Scholar, auf verschwörungstheoretische Inhalte verwiesen wurde (z.B. Allgaier 2020b).

Ein Großteil der Nutzer sieht sich auf YouTube Videos an, die von YouTube-Algorithmen empfohlen werden. Eine weitere Studie (Schmid/Allgaier/Baeva 2021) ging der Frage nach, welche Art von Videos in Krisenzeiten empfohlen werden, wobei Videoempfehlungen zur Klimakrise, Coronakrise (COVID-19) und zur sogenannten „Flüchtlingskrise" mit unterschiedlichen Methoden untersucht wurden. Zentrale Erkenntnisse sind u.a., dass YouTube-Empfehlungsalgorithmen die Vielfalt von informierenden Inhalten teilweise stark einschränken. Beispielsweise werden häufig dieselben Videos und Kanäle empfohlen. Diese Konzentration auf einzelne Videos und Kanäle führt dazu, dass nur wenige thematisch passende Empfehlungen angezeigt werden. Denn je weiter Nutzer den Empfehlungen folgen, desto unwahrscheinlicher ist es, dass ein Video zum ursprünglichen Thema empfohlen wird.

Im Allgemeinen verbreiteten die untersuchten YouTube-Empfehlungen nicht allzu häufig desinformative Inhalte, auch wenn diese durchaus vereinzelt sichtbar gemacht wurden: Insgesamt stammten nur 6 Prozent der untersuchten empfohlenen Inhalte aus potenziell desinformativen Kanälen (zu den Themen Covid-19-Pandemie und Klimawandel enthielten die Empfehlungen zu 14 bis 15 Prozent desinformative Inhalte und somit deutlich mehr als zum Thema Flucht und Migration). Startet man mit einem desinformativen Video, werden oftmals weitere desinformative Videos angezeigt, d.h. es kommt zu Desinformationsblasen. Es wurde zudem scheinbar ohne Einschränkung Werbung vor desinformativen Videos geschaltet. Dies wurde auch in YouTube-Studien zum Thema Klimawandel (Avaaz 2020) und Impfungen (Tokojima Machado/de Siqueira/Gitahy

2020; Ferreira 2020) festgestellt. Dieses Ergebnis ist besonders kritisch zu bewerten, denn damit schafft YouTube letzten Endes Anreize dafür, Desinformation zu verbreiten, da auf diese Weise Geld damit verdient werden kann (*Monetarisierung*).

Eine qualitative Inhaltsanalyse von desinformierenden Videos zeigte, dass eine Vielzahl von Themen, Stilen, Formaten und rhetorischen Strategien bemüht wurde, um diverse Zielgruppen anzusprechen. Um überzeugend aufzutreten, inszenierten sich einige der desinformierenden Akteure z.B. selbst als neutrale Experten oder Journalisten. Auf YouTube gibt es eine Vielzahl neuartiger Formate, die oft nicht eindeutig klassifiziert werden können, etwa in Bezug auf die Frage, ob es sich hier um eine neue Form von Journalismus handelt oder nicht (siehe auch Haarkötter/Wergen 2019). Andere setzten vor allem auf Authentizität und Emotionalisierung, wenn sie sich z. B. lautstark über angebliche Verschwörungen oder behauptete Ungerechtigkeiten empörten oder über Klimaschützer*innen lustig machten. Obwohl diese Videos insgesamt inhaltlich und stilistisch sehr divers sind, eint sie eine meist rechtspopulistische Ideologie sowie ein begrenztes Spektrum an stereotypisierten Feindbildern, insbesondere die Bundesregierung oder Politiker*innen allgemein, öffentlich-rechtliche und andere etablierte Medien („Lügenpresse", „Systemmedien") und wissenschaftlich arbeitende Institutionen (z.B. Weltklimarat, Robert-Koch-Institut) sowie individuelle Wissenschaftler*innen (z.B. Klimaforscher*innen, Virolog*innen). Ähnliche Ergebnisse finden sich z.B. auch zum Thema Impfungen auf YouTube (z.B. Żuk/Żuk 2020).

5. Desinformation; ein gesamtgesellschaftliches Problem

Eine weitere wichtige Erkenntnis der Studie ist es, dass die desinformierenden Akteure in der Regel untereinander und auch plattformübergreifend sehr gut vernetzt sind. Die Sperrung bestimmter Inhalte oder Kanäle ist somit nicht sehr effektiv, da zum einen bereits unzählige Wege gefunden wurden, wie Sperrungen und Löschungen umgangen bzw. abgemildert werden können, zum anderen stehen unzählige z.T. nicht regulierte Alternativangebote (z.B. Parler, GAP, bitchute, rumble, TikTok, Telegram, Clubhouse u.v.m.) bereit, über die auch sehr problematische Inhalte großflächig verbreitet werden können.

Die Bekämpfung von Desinformationen stellt deshalb ein komplexes und drängendes gegenwärtiges Problem dar, für das gesamtgesellschaftliche Lösungen angestrebt und erst noch gefunden werden müssen. Die großen reichenweitenstarken Online-Plattformen tragen hierbei jedoch eine besonders große Verantwortung (z.B. Reuter 2021).

Literaturverzeichnis

Allgaier, Joachim (2019): Science and Environmental Communication via Online Video: Strategically Distorted Communications on Climate Change and Climate Engineering on YouTube. In: Frontiers in Communication 4, 36.

Allgaier, Joachim (2020a): Myspace. In: D. Merskin (Hg.): The SAGE International Encyclopedia of Mass Media and Society (Vol. 1). SAGE: Thousand Oaks, 1156–1158.

Allgaier, Joachim (2020b): About ramifications and consequences of disinformation and conspiracy theories. In: International Affairs Forum, Januar 2020, 20–23.

Avaaz (2020): Why is YouTube Broadcasting Climate Misinformation to Millions? YouTube is driving its users to climate misinformation and the world's most trusted brands are paying for it. In: https://secure.avaaz.org/campaign/en/youtube_climate_misinformation/ (Eingesehen am 03.02.2021).

Birdsell, David / Groarke, Leo (1996): Toward a theory of visual argument. In: Argumentation and Advocacy 33/1, 1–10.

Butter, Michael (2020): Verschwörungstheorien: Nennt sie beim Namen! In: https://www.zeit.de/gesellschaft/2020-12/verschwoerungstheorien-corona-krise-wort-des-jahres-2020 (Eingesehen am 03.02.2021).

Dwoskin, Elizabeth / Timberg, Craig (2020): Misinformation dropped dramatically the week after Twitter banned Trump and some allies. In: https://www.washingtonpost.com/technology/2021/01/16/misinformation-trump-twitter/ (Eingesehen am 03.02.2021).

Evanega, Sarah / Lynas, Mark / Adams, Jordan / Smolenyak, Karinne (2020): Coronavirus misinformation: quantifying sources and themes in the COVID-19 'infodemic'. In: https://www.researchgate.net/publication/346332946_Coronavirus_misinformation_quantifying_sources_and_themes_in_the_COVID-19_%27infodemic%27_Preprint (Eingesehen am 29.01.2021).

Ferreira; Fernanda (2020): Antivaccine videos slip through YouTube's advertising policies, new study find. In: https://www.sciencemag.org/news/2020/11/antivaccine-videos-slip-through-youtube-s-advertising-policies-new-study-finds (Eingesehen am 07.02.2021).

Haarkötter, Hektor / Wergen, Johanna (2019): Das YouTubiversum: Chancen und Disruptionen der Onlinevideo-Plattform in Theorie und Praxis. Springer VS: Wiesbaden.

Johnson, Carla K. / Fingerhut, Hannah / Deshpande, Pia (2020): Counties with worst virus surges overwhelmingly voted Trump. In: https://apnews.com/article/counties-worst-virus-surges-voted-trump-d671a483534024b5486715da6edb6ebf (Eingesehen am 29.01.2021).

Medienpädagogischer Forschungsverbund Südwest (2020): JIM 2020: Jugend, Information, Medien. In: https://www.mpfs.de/fileadmin/files/Presse/2020/PM_04_2020_JIM-2020_final.pdf (Eingesehen am 04.02.2021).

Möller, Judith / Hameleers, Michael / Ferreau, Frederik (2020): Typen von Desinformation und Misinformation: Verschiedene Formen von Desinformation und ihre Verbreitung aus kommunikationswissenschaftlicher und rechtswissenschaftlicher Perspektive. Ein Gutachten im Auftrag der Gremienvorsitzendenkonferenz der Landesmedienanstalten (GVK). die medienanstalten: Berlin.

Nocun, Katharina / Lamberty, Pia (2020): Fake Facts. Wie Verschwörungstheorien unser Denken bestimmen. Quadriga: Köln.

Reuter, Markus (2021): Deplatforming: Warum Trumps Accountsperrungen richtig und hochproblematisch sind. In: https://netzpolitik.org/2021/deplatforming-warum-trumps-accountsperrungen-richtig-und-hochproblematisch-sind/ (Eingesehen am 05.02.2021).

Sängerlaub, Alexander (2019): Der blinde Fleck digitaler Öffentlichkeiten: Warum sich Desinformationskampagnen in sozialen Netzwerken kaum systematisch analysieren lassen. Stiftung Neue Verantwortung: Berlin.

Schmid, Sophia / Allgaier, Joachim / Baeva, Gregana (2021): Empfehlungen in Krisenzeiten: Welche Inhalte machen die Empfehlungsalgorithmen von YouTube sichtbar? Eine Studie von Kantar, Public Division und der RWTH Aachen im Auftrag der Medienanstalt Berlin-Brandenburg (mabb), der Senatskanzlei Berlin, der Bayerischen Landeszentrale für neue Medien, der Landesanstalt für Medien NRW und der LMK Medienanstalt Rheinland-Pfalz. Medienanstalt Berlin-Brandenburg: Berlin.

Shearer, Christine u.a (2016): Quantifying expert consensus against the existence of a secret, large-scale atmospheric spraying program. Environmental Research Letters 11:084011. doi: 10.1088/1748–9326/11/8/084011.

Tokojima Machado, Dayane Fumiyo u.a. (2020): Natural Stings: Selling Distrust About Vaccines on Brazilian YouTube. Frontiers in Communication 5:577941. doi: 10.3389/fcomm.2020.577941.

Vodafone Stiftung (2020): Die Jugend in der Infodemie. Düsseldorf. – https://www.vodafone-stiftung.de/die-jugend-in-der-infodemie/

Vosoughi, Soroush / Roy, Deb / Aral, Sinan (2018): The spread of true and false news online. In: Science 359, 1146–1151.

Wardle, Claire / Derakhshan, Hossein (2017): Information Disorder: Toward an interdisciplinary framework for research and policymaking. Council of Europe report DGI (2017) 09. Council of Europe: Strasbourg.

Żuk, Piotr / Żuk, Paweł (2020): Right-wing populism in Poland and anti-vaccine myths on YouTube: Political and cultural threats to public health. In: Global Public Health 15, 790–804.

Lügen verboten!
Über die Grundsätze der Kommunikation von Hochschulen

Thorsten Karbach

Abstract
Wissenschaftskommunikation genießt hohes Vertrauen in der Öffentlichkeit, wenn seitens Hochschulen falsche Informationen verbreitet werden, schadet dies der Kommunikation und der Institution.

1. Einleitung

Hochschulen kommunizieren. Sie betreiben Wissenschaftskommunikation. Das ist Teil ihrer Mission und auch so von Politik und Gesellschaft gefordert. „Wissenschaft ist Teil der Gesellschaft. Wissenschaft hat die Verantwortung, sich in öffentliche Diskurse zu Wissenschaftsthemen einzubringen. Denn Wissenschaftskommunikation – aus und über Wissenschaft – hilft, den gesellschaftlichen Zusammenhalt zu stärken. Das erleben wir gerade in diesen Zeiten der Corona-Pandemie", sagte Anja Karliczek, damals Bundesministerin für Wissenschaft und Forschung, in einer Pressemitteilung ihres Ministeriums zur *FactoryWisskomm* (BMBF 2020).

Was simpel klingt, ist in der Praxis oftmals problematisch. Denn wenn Hochschulen zu strittigen Fragen Stellung beziehen müssen oder in gesellschaftliche Debatten verwickelt werden, dann kann auch Kommunikation der eigenen Reputation schaden. Doch der Reihe nach, zunächst einmal gilt es, die Frage zu beantworten, warum Wissenschaftskommunikation so wichtig ist und wieso diese auch öffentlich in dieser Form – etwa von der Politik – gefordert wird.

2 Die neue Rolle als Sender

Hochschulen müssen sich zwangsläufig mehr denn je als Sender positionieren, denn die Medienlandschaft hat sich verändert. Gleichzeitig stehen Hochschulen auch die notwendigen Instrumente zur Verfügung, um sich in der Öffentlichkeit zu positionieren. Aber was genau ist mit der Medienlandschaft eigentlich in den vergangenen 30 Jahren passiert?

Thorsten Karbach

2.1 Die veränderte Medienlandschaft

In bloßen Zahlen ausgedrückt ist die verkaufte Auflage aller Zeitungen in Deutschland von 1991 bis 2019 von 27,3 Millionen auf 12,5 Millionen Exemplare gesunken (BDZV Statista 2020). Allein die Auflage der Frankfurter Allgemeinen Zeitung, die als Vermittler wissenschaftlicher Erkenntnisse eine enorme Bedeutung innehat, ist vom 3. Quartal 2012 zum 3. Quartal 2020 von fast 400.000 auf unter 200.000 verkaufte Auflage gesunken (ebenda). Das bedeutet nicht, dass sich die (ehemaligen) Zeitungsleser nicht mehr informieren. Sie informieren sich nun nur anders: über alternative Onlineangebote, über Blogs, über Soziale Medien, Messengerdienste und direkt bei den Institutionen, über die Zeitungen sonst berichten. Es ist nicht davon auszugehen, dass alle ehemaligen Leserinnen und Leser einer gedruckten Zeitung zum Online-Angebot dieser oder einer anderen Zeitung gewechselt sind. Das bedeutet wiederum, dass Journalistinnen und Journalisten als Gatekeeperinnen und Gatekeeper der Informationsvermittlung und damit als Maßstab für einen qualitativen Standard in vielen Fällen weggefallen sind, sodass Informationen unterschiedlichster Qualität konsumiert werden – und darunter ohne Einordnung sogenannte Fake News.

Tanja Köhler ordnet ein: In den frei zugänglichen digitalen Kommunikationsräumen kann prinzipiell jeder zum Sender werden, so dass nachrichtliche Informationen von immer mehr – auch nichtjournalistischen – Kommunikatoren verbreitet werden. Damit einher geht nicht nur eine Vermischung von Fakten und Meinung, sondern auch eine zunehmende Verbreitung von Verschwörungstheorien und Fake News, die sich im Netz oft erfolgreicher verbreiten als seriöse Meldungen traditioneller Nachrichtenanbieter (Köhler 2020: 14). Laut Schmehl hatten im Jahr 2018 die acht erfolgreichsten Fake News auf Facebook mehr Interaktionen als fast alle Artikel der größten Nachrichtenseiten in Deutschland (Schmehl 2018). Die Folge: Desinformationen sind in der Regel nicht (sofort) als solche erkennbar, was das Misstrauen in die Glaubwürdigkeit und Qualität von Quellen ebenso steigert wie die Medienskepsis. Diese Glaubwürdigkeits- und Vertrauensverluste bekommen auch etablierte Medien zu spüren – und nicht zuletzt Universitäten (Köhler 2020: 14).

2.2 Gesellschaftliche Fragen, persönliche Interessen

Hinzu kommt ein wichtiger Aspekt, den die Corona-Pandemie lehrt: Wissenschaftsberichterstattung ist gesellschaftsnäher, als sie es in der Vergangenheit war. Die Wissenschaftsberichterstattung wird stärker denn je auf wenige Fragen fokussiert, die in der Gesellschaft diskutiert werden. Die Klimadebatte und die Mobilität der Zukunft waren erste Beispiele, die Corona-Pandemie hat dann zu einer in dieser Ausprägung neuen Wahrnehmung von Wissenschaftskommunikation und Wissenschaftsjournalismus geführt. Annette Leßmöllmann sagt gar, die Corona-Pandemie habe den Wissenschaftsjournalismus, also die Berichterstattung über Wissenschaft, in die Mitte der Gesellschaft gerückt (Leßmöllmann 2020). Was berichtet wird, erfährt Aufmerksamkeit, wird bei Twitter und auf anderen Social-Media-Kanälen diskutiert, jede Silbe bewertet.

„Wer über Pandemien berichtet, ist also automatisch drin im gesamten Geschehen, ob gewollt oder nicht gewollt: Wissenschaftsjournalistische Berichterstattung berührt den Alltag aller Menschen, ihre täglichen Entscheidungen, die politischen Weichenstellungen, alle Bildungsbereiche, die Wirtschaft – alles."
(Leßmöllmann, 2020)

In dieser Mitte der Gesellschaft treffen aber viele Interessen aufeinander – und längst nicht alle sind wahrheits- und vernunftgetrieben. Wo viel kommuniziert wird, ist auch mehr Raum für die, die Fake News verbreiten wollen. Wer macht sich schon die Mühe, alle Nachrichten auf ihren Wahrheitsgehalt zu überprüfen? Universitäten, die mit ihren Beiträgen zu aktuellen Forschungsfragen der Pandemie die Informationsdichte weiter erhöhen, befinden sich auf einem Informationsmarkt mit einem unübersichtlichen Angebot, den sie sich mit unlauteren Wettbewerbern teilen.

Bei Nachrichten mit einfachen Erklärungen und Lösungen für so komplexe Herausforderungen wie zum Beispiel die Corona-Pandemie ist eine gesunde Skepsis angebracht, warnt beispielsweise die Bundeszentrale für politische Bildung (bpb.de 2020). Die große Herausforderung sei am Ende, die wahren Nachrichten und die Fake News zu unterscheiden beziehungsweise Letztere zu erkennen. Je gesellschaftlich relevanter ein Thema dabei ist, umso mehr Informationen werden angeboten und umso mehr Interessen treffen aufeinander beziehungsweise umso drastischer können die Mittel angewendet werden, um die eigenen Interessen zu verfolgen.

„Gesellschaftsnähe hat Licht- und Schattenseiten: Wer sich in die Gesellschaft begibt, bekommt es mit Macht, Geldflüssen, Interessen, politischen Entscheidungen zu tun."
(Leßmöllmann, 2020)

Dem entsprechend wird die Aufmerksamkeit für eine wissenschaftliche Nachricht schnell zur Aufmerksamkeit für eine wissenschaftliche Institution und am Ende für die gesamte Wissenschaft.

2.3 Mehr Kanäle, mehr Verantwortung

Während der Wissenschaftsjournalismus im Zuge der aufgeführten Veränderungen der Medienlandschaft stärker in eine Nische zurückgezogen wurde, aus der er mit der Pandemie wieder hervorgerufen wurde, haben Universitäten selbst die genannten Angebote mit Social-Media-Kanälen, Blogs, Onlineinformationen, analogen wie digitalen Veranstaltungen, Podcasts, Videodiensten etc. als Kommunikationskanäle offensiv bespielt.

Es bestand und besteht die Möglichkeit, noch direkter und gezielter zu kommunizieren. Dies ist Chance wie Bürde gleichermaßen, denn es bedeutet eine gewaltige Verantwortung gegenüber der Gesellschaft. Wissenschaft und Hochschule genießen in der Öffentlichkeit ein hohes Ansehen. Grundvoraussetzung für dieses gesellschaftliche Vertrauen in die Wissenschaft ist, so Sager und Wagner, dass überhaupt ein Austausch zwischen Wissenschaft und Gesellschaft stattfindet. Öffentlich finanzierte Wissenschaft sollte demnach generell bereit sein, sich öffentlich zu erklären und einen Dialog mit anderen Stakeholdern zu führen (Sager/Wagner 2019: 27). Dieser Austausch ist zweifelsohne da. Aber er ist nicht einfach.

Wenn mit dem Zusatz „wissenschaftliche Erkenntnisse zeigen..." von Dritten außerhalb einer Universität gezielt Fake News verbreitet werden, müssen sich die Universitäten dem entgegenstellen, Transparenz zeigen und in jedem Fall korrekte Informationen veröffentlichen.

> „Rund 72 Prozent der Menschen weltweit vertrauen der Wissenschaft. Das geht aus einer Studie der britischen Wellcome Stiftung hervor. In der ersten globalen Umfrage zur Einstellung der Menschen gegenüber den Themen Gesundheit und Wissenschaft – dem Wellcome Global Monitor – befragte die Stiftung im vergangenen Jahr mehr als 140.000 Menschen aus über 140 Ländern."
> (Forschung und Lehre 2019)

Gerade die mannigfaltigen Debatten während der Corona-Pandemie zeigen, dass dieses Ansehen und auch Vertrauen nicht missbraucht werden dürfen.

> „Politische Entscheidungen in Bezug auf Corona sollten auf wissenschaftlichen Erkenntnissen basieren. Dieser Aussage stimmen 81 Pro-

zent aller Befragten im Rahmen einer deutschlandweiten Umfrage zu. Das geht aus dem Wissenschaftsbarometer ‚Corona Spezial' hervor, dass die Initiative Wissenschaft im Dialog veröffentlicht hat."
(Wissenschaft im Dialog 2020)

Denn Universitäten stehen für Wissen und Kompetenz – auch wenn sie kommunizieren. Dabei wäre es ganz leicht und würde schnell viel Aufmerksamkeit generieren lassen, wenn Hochschulen dies missbrauchen.
Zum Beispiel so:

„Universität entdeckt neues Mittel gegen graue Haare"

Oder so:

„Hochschule entwickelt emissionsfreien Jumbojet"

Oder so:

„Uni züchtet neuartige Kartoffelpflanzen, die ganzjährig Ernte bringen"

Das mag alles geradezu lächerlich klingen und sofort als Fake News enttarnt werden. Der daraus resultierende Shitstorm wäre das eine, die eigentlichen Konsequenzen werden aber im weiteren Verlauf noch aufgezeigt.

Nur: Forschungsergebnisse lassen sich selten auf einen derartig plakativen Nenner bringen, sie sind komplexer und für die Öffentlichkeit schwerer greifbar. Wie ist es also mit dieser Schlagzeile:

„Erster grenzüberschreitender vollautomatischer Rettungsflug in Aachen gestartet". (RWTH 2020)

Wer sich mit der RWTH Aachen University und Ihrer Forschung nicht auskennt, der könnte Zweifel haben, so wie er sie bei den anderen Meldungen hatte. Was bedeutet das? Genau: Wissenschaftlich wirkende Fake News sind schwer zu erkennen, weil die wenigsten Rezipienten Experten sind. Der Missbrauch dieses Gefälles zwischen Kommunikator und Rezipient unter Berücksichtigung des Vertrauens, das der Rezipient erstmal in den Kommunikator Hochschule setzt, ist also jederzeit möglich und könnte schnell viel Aufmerksamkeit generieren.

Aber was ist eine solche gute Schlagzeile wert?

2.4 Die Schlagzeile und ihre Folgen

Ein Beispiel: Der „Bluttest-Skandal" am Universitätsklinikum Heidelberg, bei dem ein Bluttest, der früh Brustkrebs erkennen sollte, medienwirksam als „Meilenstein" öffentlich gemacht wurde, obwohl die Forschung keine wissenschaftliche Veröffentlichung vorweisen konnte und bei dem eine hohe Fehlerquote bekannt wurde. Leßmöllmann spricht von einem

> „PR-GAU, bei dem sich offenbar ökonomische Interessen, ein unbedingter Aufmerksamkeitswille und mangelndes Qualitäts- und Kommunikationsmanagement ein fatales Stelldichein gaben. Diese Faktoren führten dazu, dass niemand an entscheidender Stelle „nein" rief und so ein nicht marktreifes Produkt als Weltsensation angepriesen werden konnte"
> (Leßmöllmann 2019: 80).

Wenn der Fake enttarnt wird, ist der Schaden größer als der kurzfristige Imagegewinn. Das hat auch dieses Beispiel gelehrt. Wenn eine Hochschule unsauber kommuniziert oder sogar lügt, dann schadet sie in erster Linie sich selbst.

Da Hochschulen angesichts des formulierten gesellschaftlichen Vertrauens als ein Gesamtsystem verstanden werden, eine Markenbildung und damit der überregionale Bekanntheitsgrad einzelner Universitäten erst spät einsetzte (Brockhoff 2008) und deswegen viele Universitäten in der Bevölkerung eher unbekannt sind bzw. als Universität im Allgemeinen pauschalisiert werden, würde der Schaden schnell auf die ganze Hochschullandschaft abfärben. Wenn eine Hochschule lügt, schadet sie also nicht nur sich selbst, sondern der Wissenschaft insgesamt. Bei einem generellen Vertrauensverlust würden Hochschulen ihre Rolle als Anlaufstelle für verlässliches Wissen verlieren, beschreibt es Leßmöllmann (2019: 82).

> „Für Wissensgesellschaften bilden Hochschulen einen wesentlichen Anlaufpunkt. Die enge Verknüpfung von Wissen, Rationalität und Demokratie weist ihnen eine besondere Rolle zu: Sie sind dem Gemeinwohl verpflichtet, als Orte von Forschung, Lehre, Publikation und Kommunikation, die digital oder analog konsultiert werden können und mit denen ein Austausch möglich ist. Hierfür ist Vertrauen nötig, ohne das kein Wissen ausgetauscht oder gewonnen werden kann (etwa durch Citizen Science). Misstrauen gegenüber den Hochschulen erwächst, wenn diese allein in ihrem eigenen Interesse oder in direkter Abhängigkeit von Geldgeberinteressen agieren."
> (Leßmöllmann 2019: 73)

Lügen verboten! Über die Grundsätze der Kommunikation von Hochschulen

Durch ihre veränderte Rolle als Sender, der mit seinen Möglichkeiten sehr offensiv umgehen kann und sehr viel direkte Kommunikation mit hoher Reichweite betreibt, ist die Verantwortung nicht nur für die eigene Institution stark gewachsen. Ein kleiner Fehler, eine Unsauberkeit oder gar Lüge führen umgehend zu Schäden.

Aber was ist, wenn Hochschulkommunikatoren mit heiklen Themen konfrontiert werden?

3. Die unangenehme Nachfrage

Bisher wurde die proaktive Kommunikation analysiert, aber was ist mit der reaktiven? Was ist, wenn Medien und Gesellschaft Fragen stellen, die Hochschulen nicht so lieb sind. Wenn technische Hochschulen nach ihren Kooperationen mit der Industrie gefragt werden, wenn medizinische Fakultäten zu Tierversuchen Stellung beziehen sollen, wenn es einzelne Verfehlungen von Hochschulmitgliedern gibt.

Die Fragen, die dann intern gestellt werden, sind immer die gleichen:
Muss die Hochschule antworten?
Kann sie die Anfragen ignorieren?
Kann sie auf Zeit spielen und hoffen, dass das Interesse verfliegt?
Kann sie in einer Antwort maximal ausweichen?
Gibt es Notlügen?
Die Gesetzeslage in Sachen Auskunftspflicht ist je nach Bundesland unterschiedlich. Und überall da, wo es Pflichten gibt, gibt es in der Regel auch das Recht der Hochschule, die Antwort zu verweigern. In der Praxis lässt sich viel bis alles abschmettern. Aber ist das auch sinnvoll? Nein! Gute Wissenschafts-PR ist faktentreu, heißt es in den Leitlinien zur guten Wissenschafts-PR des Bundesverbandes Hochschulkommunikation (Wissenschaft im Dialog 2016: 6).

3.1 Die Recherche zur Waffenfabrik

Ein Beispiel verdeutlicht, wo die Chancen und Risiken in der Kommunikation liegen. Universität A wird also von einem investigativen Journalisten mit Fragen zur Beteiligung eines Instituts an einer Waffenfabrik konfrontiert. Die interne Recherche in der Hochschule ergab: Ja, es gab eine Beteiligung eines Instituts an einem Projekt, in dem ein nationaler Forschungspartner einen Auftrag für eine ausländische, staatliche Fabrik vermittelte, in dem es aber um andere Produkte ging. Erst im Zuge des Projektes wurde die Ausrichtung der Fabrik verändert, das Institut erstellte einen Zwischenbericht und zog sich aus dem Projekt zurück. Die Recherche ergab aber auch, dass die Neuausrichtung des Projektes früher hätte befürchtet werden müssen, beziehungsweise dass der Auftraggeber früher hätte hinterfragt werden können. Und klar war, dass das Schlagwort Waffenfabrik in Kombination mit dem Staat, für den der Auftrag angenommen wurde, der Hochschule öffentlich schaden würde.

Was also tun?

3.2 Wahrheit, Lüge oder Schweigen?

Universität A erkannte aus den Fragen des Journalisten, dass dessen Quellen gut, aber nicht umfänglich waren. Sie hätte also antworten können: Das stimmt nicht! Sie hätte aber auch schweigen und hinterher behaupten können: alles Spekulation!

Und was ist passiert?

Die Fragen, die eingingen, wurden schriftlich beantwortet. Es wurde im Wissen um die Konsequenzen geantwortet: Die Berichterstattung ist nicht förderlich für das Bild der Universität in der Öffentlichkeit. Und entsprechend fielen dann auch die Schlagzeilen aus. Das Resultat, dass man daraus ableiten könnte, ist also:

Wenn eine Hochschule immer die Wahrheit spricht, schadet sie sich selbst (und nur teilweise der Wissenschaft insgesamt).

Wenn die Hochschule stattdessen geschwiegen hätte, hätte sie Tür und Tor für Spekulationen geöffnet. Sie hätte jede Einflussnahme über die Resultate der Berichterstattung verloren.

Wenn eine Hochschule schweigt, schadet sie sich auch selbst.

Die Hochschule hat also ihre Beteiligung zugegeben. Diese Offenheit hat dafür gesorgt, dass ihr auch weiter zugehört wurde und sie im Zuge der fortlaufenden Recherchen weiterhin Stellung beziehen konnte.

Am Ende hat man ihr geglaubt, dass sie sich aus dem Projekt zurückgezogen hat. Und man hat ihr geglaubt, dass sie einen Fehler gemacht hat und dies nicht wieder tun würde. In der Berichterstattung ist man mit ihr am Ende recht milde ins Gericht gegangen. Es gab Kratzer, aber es hätten mehr sein können. Der Schaden hätte größer sein können, wenn Universität A gelogen oder eben geschwiegen hätten.

4. Ausblick

Zusammengefasst bedeutet das — und das Dilemma ist unübersehbar:
Wenn Universitäten lügen, schaden sie sich und der Wissenschaft.
Wenn Universitäten sprechen, dann können sie sich schaden.
Wenn Universitäten schweigen, schaden sie sich noch mehr.
Doch diese Zusammenfassung beleuchtet nur den kurzfristigen Effekt. Die langfristige Wirkung des Verhaltens von Universität in dieser Angelegenheit ist eine andere: Ihre Redlichkeit hat am Ende zur Glaubwürdigkeit der Institution beigetragen, der ehrliche, transparente Umgang mit dem Fehler wurde im Nachklang sogar positiv bewertet. Wenn Hochschulen also langfristig Vertrauen generieren wollen, für Glaubwürdigkeit stehen wollen, dann ertragen sie kleine Kratzer und kommunizieren ehrlich. Dann gilt: Lügen verboten!

Literaturverzeichnis

Brockhoff, Klaus (2008): *Bedeutung und Bekanntheit von Universitätsmarken*. In: M. Bruhn / B. Stauss (Hg.): Dienstleistungsmarken. Betriebswirtschaftlicher Verlag Dr. Th. Gabler: Wiesbaden.

Bundesministerium für Bildung und Forschung (2020): *Karliczek: Wissenschaftskommunikation stärker in der Wissenschaft verankern*. In: https://www.bmbf.de/files/2020-09-28_137%20PM%20FactoryWisskomm.pdf (Eingesehen am 4.1.2021).

Bundeszentrale für Politische Bildung: *Hinterfrag die Nachricht!* In: https://www.bpb.de/gesellschaft/medien-und-sport/fake-news/308422/hinterfrag-die-nachricht (Eingesehen am 4.1.2021).

Birte Fähnrich u.a. (Hg.) (2019): *Forschungsfeld Hochschulkommunikation*. Springer: Wiesbaden.

Forschung & Lehre 2019 (2019): *Drei von vier Menschen vertrauen der Wissenschaft*. In: https://www.forschung-und-lehre.de/forschung/drei-von-vier-menschen-vertrauen-der-wissenschaft-1884/ (Eingesehen am 29.12.2020).

Köhler, Tanja (2020): *Chancen und Disruptionen des Nachrichtenjournalismus im Zeitalter der Digitalisierung*. In: T. Köhler (Hg.): Fake News, Framing, Fact-Checking: Nachrichten im digitalen Zeitalter. Ein Handbuch. transcript: Bielefeld.

Leßmöllmann, Annette (2019): *Hochschulkommunikation und Gemeinwohl*. In: W. Hinsch / D. Eggers (Hg.): Öffentliche Vernunft? De Gruyter: Berlin.

Leßmöllmann, Annette (2020): *Nicht nur in Zeiten von Corona*. In: https://www.epd.de/fachdienst/epd-medien/Berichterstattung_Corona-Krise/Lessmoellmann (Eingesehen am 16.12.2020).

RWTH Aachen University: *Erster grenzüberschreitender vollautomatischer Rettungsflug in Aachen gestartet*. In: https://www.rwth-aachen.de/go/id/latcj?#aaaaaaaaaalatga (Eingesehen am 28.12.2020).

Sager, Krista / Wagner, Gert G. (2019): *Wissenschaft unter Druck: Vertrauensverlust oder Zeichen gewachsener gesellschaftlicher Relevanz?* In: W. Hinsch / D. Eggers (Hg.): *Öffentliche Vernunft?* De Gruyter: Berlin.

Schmehl, Karsten: *Das sind 8 der erfolgreichsten Falschmeldungen auf Facebook 2018.* In: www.buzzfeed.com/de/kars-tenschmehl/falschmeldungen-facebook-2018-fakes-luegen-fake-news (Eingesehen am 15.12.2020).

Statista: *Entwicklung der verkauften Auflage der Tageszeitungen in Deutschland in ausgewählten Jahren von 1991 bis 2020*. In: https://de.statista.com/statistik/daten/studie/72084/umfrage/verkaufte-auflage-von-tageszeitungen-in-deutschland/ (Eingesehen am 5.1.2021).

Wissenschaft im Dialog: *Mehrheit der Deutschen für wissenschaftsbasierte Politik zu Corona*. In: https://www.wissenschaft-im-dialog.de/medien/pressemitteilungen/artikel/beitrag/mehrheit-der-deutschen-fuer-wissenschaftsbasierte-politik-zu-corona/ (Eingesehen am 4.1.2021).

Teil 2
Verschwörungstheorien und Fake News: Analysen auf der Metaebene

Was die Linguistik zu Verschwörungstheorien zu sagen hat

Thomas Niehr

Abstract

In diesem Artikel wird der Frage nachgegangen, welchen spezifischen Beitrag die Linguistik zur Beurteilung von Verschwörungstheorien leisten kann. Hier dürften insbesondere sprachwissenschaftliche Methoden der Argumentationsanalyse von Interesse sein.
Nach einer einleitenden Klärung terminologischer Fragen wird das in der Linguistik verbreitete Argumentationsmodell von Stephen Toulmin eingeführt, das sich bei der Beurteilung vorliegender Argumentationen als hilfreich erweist.
Anhand von Beispielen wird schließlich aufgezeigt, dass Verschwörungstheoretiker sich häufig argumentativer Verfahren bedienen, die beim näheren Hinschauen wenig überzeugungskräftig sind und erhebliche Zweifel an der Rationalität der jeweiligen Argumentation begründen.
Die Kompetenz, Argumentationen im Hinblick auf ihre Rationalität zu analysieren, erweist sich solchermaßen als unabdingbar, um Verschwörungstheorien als solche nicht nur zu klassifizieren, sondern auch zu durchschauen.

1. Einleitung

Verschwörungstheorien haben zur Zeit der Corona-Pandemie Hochkonjunktur. Das wird jedem klar, der auch nur flüchtig Berichte über „Querdenker"-Demonstrationen wahrnimmt oder in den sozialen Medien mit entsprechenden Theorien konfrontiert wird. Dabei ist es gar nicht ausgemacht, inwieweit die Zahl der Verschwörungstheorien in letzter Zeit tatsächlich zugenommen hat. Möglicherweise sind die unkomplizierten „viralen" Verbreitungsmethoden, die durch digitale Kommunikationswege zur Verfügung stehen, für den Eindruck verantwortlich, dass allerorten Verschwörungstheorien kursieren. Diese scheinen sich momentan auf die Corona-Pandemie zu fokussieren. Tatsächlich gab und gibt es nach wie vor auch andere thematische Bereiche, zu denen Verschwörungstheorien im Umlauf sind.

Im folgenden Beitrag soll der Frage nachgegangen werden, welchen speziellen Beitrag die Linguistik zur Beurteilung von Verschwörungstheorien liefern kann. Vorab ist allerdings zu klären, inwiefern die Linguistik überhaupt dazu prädestiniert ist, zur Beurteilung von Verschwörungstheorien – oder genauer: zur Beurteilung, ob eine Theorie zu Recht als Verschwörungstheorie bezeichnet wird – das Wort zu ergreifen.

Thomas Niehr

2. Warum Linguistik?

Möchte man die Frage beantworten, inwiefern es naheliegend sein könnte, Erkenntnisse der Linguistik heranzuziehen, wenn es darum geht zu beurteilen, ob etwas eine Verschwörungstheorie ist oder zu Recht so bezeichnet wird, dann liegt ein Argument auf der Hand: Theorien – welcher Art auch immer – müssen versprachlicht werden, um in einer Gesellschaft oder in Teilen der Gesellschaft verbreitet zu werden. Solche Versprachlichungen können mündlich oder schriftlich oder auch mündlich und schriftlich erfolgen. Sobald aber eine Versprachlichung stattgefunden hat, liegt ein (mündlicher und/oder schriftlicher) Text größeren oder kleineren Umfangs vor. Und eine der genuinen Aufgaben der Linguistik besteht zweifelsohne darin, die Beschaffenheit von Texten zu analysieren.[1]

In unserem Zusammenhang ist insbesondere die Struktur solcher Texte von Interesse, die als Verschwörungstheorien bezeichnet werden. Es ließe sich etwa fragen, ob derartige Texte durch eine gemeinsame Struktur gekennzeichnet sind und wie sich diese Struktur beschreiben lässt. Vorab ist jedoch eine terminologische Frage zu klären. Der auch in der Umgangssprache verbreitete Terminus Verschwörungstheorie erscheint nämlich problematisch, wenn er zur linguistischen oder überhaupt wissenschaftlichen Charakterisierung von Texten verwendet wird. Denn es handelt sich um einen pejorativen Ausdruck, der zur sachlichen Beschreibung eines Textes wenig geeignet erscheint. Die zeitgenössische Linguistik versteht sich zu weiten Teilen als deskriptive Wissenschaft, die Sprache beschreibt, nicht aber bewertet.[2] Sollen Termini wie Verschwörungstheorie, Leerformel, Schlagwort oder Euphemismus, die umgangssprachlich abwertend verwendet werden, zur linguistischen Kategorisierung sprachlicher Phänomene taugen, so bedarf es einer exakten Definition, die eine Abgrenzung von umgangssprachlichen Konnotationen ermöglicht.[3] Eine solche

---

1 Eine Teildisziplin der Linguistik trägt den Namen Textlinguistik. Sie befasst sich „mit der Erzeugung, der Struktur, der Funktion und der Verarbeitung von Texten" (Glück/Rödel 2016). Einen guten einführenden Überblick verschaffen Brinker/Cölfen/Pappert (2018).
2 Eine Ausnahme bildet die linguistische Sprachkritik, die – z.T. in Anlehnung an rhetorische Prinzipien – kriteriengeleitete Aussagen über die Angemessenheit von Sprachgebräuchen macht; vgl. dazu Kilian/Niehr/Schiewe (2016) sowie Niehr/Kilian/Schiewe (2020).
3 Zur Definition und Verwendung der Termini Schlagwort und Leerformel in der Linguistik vgl. Niehr (2007; 2019a). Zu Euphemismus vgl. Niehr (2019b). Zur Kritik am Terminus Verschwörungstheorie vgl. auch Römer/Stumpf (2020: 252–253).

Definition aber kann unter Zugrundelegung sprachwissenschaftlicher Kategorien gelingen, denn Sprachwissenschaft erschöpft sich nicht in der Beschreibung und Analyse grammatischer Regularitäten, sondern nimmt auch Textsorten-Charakteristika, Argumentationsweisen und sprachliche Strategien in den Blick. Eine für die Linguistik in diesem Zusammenhang typische Frage, der im Folgenden nachgegangen werden soll, könnte mithin darauf zielen, inwieweit Verschwörungstheorien durch sprachliche Gemeinsamkeiten gekennzeichnet seien.

3. Sprachliche Charakteristika von Verschwörungstheorien

Wenn im Folgenden von Verschwörungstheorien die Rede ist, dann immer unter dem Vorbehalt, dass wir es mit einem umgangssprachlich verbreiteten Ausdruck zu tun haben, dessen Bedeutung zunächst mehr oder minder vage bleibt. So werden missliebige Standpunkte, in denen beispielsweise einem möglicherweise berechtigten Misstrauen zum Ausdruck verholfen wird, häufig gleich als Verschwörungstheorien diskreditiert, denen ein pathologisches Verschwörungsdenken zugrunde liege. Auf diese Weise wird der Ausdruck Verschwörungstheorie zur Delegitimationsvokabel, mit der fast beliebig gegen gegnerische Argumente vorgegangen werden kann. Umgangssprachlich nennt man so etwas auch ein Totschlagargument, also ein Argument, mit dem nicht auf die zur Diskussion stehende Sache eingegangen wird, das vielmehr darauf angelegt ist, die Argumentation zugunsten dessen, der eine Verschwörungstheorie diagnostiziert, zu beenden.

Eine weitere Schwierigkeit des Ausdrucks hängt mit dem zweiten (rechten) Teil des Kompositums Verschwörungstheorie zusammen. Der Terminus Theorie hat insbesondere in wissenschaftlichen Kontexten eine definierte Bedeutung. Gleiches gilt für Termini wie Methode oder auch Hypothese. Schaut man sich jedoch typische Verwendungen des Ausdrucks Verschwörungstheorie an, so zeigt sich sehr deutlich, dass die in wissenschaftlichen Kontexten gemeinten Bedeutungsbestandteile von Theorie[4] ganz offensichtlich nicht gemeint sein können. Um diese Bedeutung von Theorie auszuschließen, wäre es präziser, von Verschwörungserzählungen, -mythen oder -ideologien zu sprechen (vgl. Nocun/Lamberty 2020: 21–24),

---

4 So definiert etwa das Duden-Universalwörterbuch Theorien als „System wissenschaftlich begründeter Aussagen zur Erklärung bestimmter Tatsachen od. Erscheinungen u. der ihnen zugrundeliegenden Gesetzlichkeiten" (Duden 2019: 1786).

denn es handelt sich ja gerade nicht um wissenschaftlich begründete Aussagen. Zu Recht weisen allerdings Römer/Stumpf (2020: 252) darauf hin, dass Theorie umgangssprachlich auch in anderer Bedeutung verwendet wird, nämlich als „wirklichkeitsfremde Vorstellung; bloße Vermutung" (Duden 2019: 1786).

Es zeigt sich mithin, dass die umgangssprachlichen Bedeutungsbestandteile des Ausdrucks Verschwörungstheorie eine präzise Bedeutungsbestimmung erschweren.

Ungeachtet dieser Schwierigkeiten kann versucht werden, die sprachlichen Gemeinsamkeiten von Verschwörungserzählungen zu beschreiben. Dabei wird im Folgenden auf zwei unterschiedliche Ansätze zurückgegriffen, die verschiedene Charakteristika von Verschwörungserzählungen aufgreifen. Michael Butter (2018) geht in seinem Ansatz insbesondere auf die spezifische Argumentationsweise von Verschwörungstheorien ein:

> „Verschwörungstheorien behaupten, dass eine im Geheimen operierende Gruppe, nämlich die Verschwörer, aus niederen Beweggründen versucht, eine Institution, ein Land oder gar die ganze Welt zu kontrollieren oder zu zerstören."
> (Butter 2018: 21)

Die in diesem Zitat angesprochenen niederen bzw. niedrigen Beweggründe sind in unserem Zusammenhang von besonderem Interesse. Mit diesem Terminus, der im Strafgesetzbuch (§ 211) zur Bewertung von Mordmotiven dient und häufig nicht nur wegen seiner NS-Herkunft sondern auch wegen seiner Nicht-Operationalisierbarkeit kritisiert wird, ist gemeint, dass Taten „auch im weitesten Sinne nicht mehr menschlich begreiflich oder nachvollziehbar sind" (Bosch 2015: 804). Damit kommen Kategorien wie „hemmungslose triebhafte Eigensucht" oder „krasse Selbstsucht" (vgl. Bosch 2015: 804–805) ins Spiel. Derartige Motive werden auch den angeblichen Verschwörern zugeschrieben. Hinzu kommt das Motiv des Eigennutzes:

> „Verschwörungstheoretiker erzählen Geschichte immer vom Ende her. Sie fragen, wem ein Ereignis oder eine Entwicklung nützt, und identifizieren so diejenigen, die dafür verantwortlich sein müssen. Sie glauben an ein mechanistisches Weltbild, in dem kein Platz für Zufall, ungewollte Konsequenzen oder systemische Effekte ist. Beobachtbare Ereignisse sind für sie die Auswirkungen intentionaler Handlungen und ermöglichen es, auf die Motive der Akteure zu schließen."
> (Butter 2018: 59)

Um derartige Schlüsse zu ziehen, bedarf es argumentativer Verfahren, die einer gängigen Definition zufolge eingesetzt werden, um „etwas kollektiv Fragliches in etwas kollektiv Geltendes zu überführen" (Klein 1980: 19). Die Besonderheit verschwörungstheoretischer Argumentationen besteht nun aber darin, dass dieser Prozess meist in sein Gegenteil verkehrt wird: Etwas (nahezu) kollektiv Geltendes soll infrage gestellt oder sogar als kollektiv ungültig erwiesen werden (siehe unten 4.3).

Man kann sich dies leicht an einem aktuellen Beispiel verdeutlichen. Es dürfte in Zeiten der Corona-Pandemie weitgehend konsensfähig sein, dass wir es mit einer äußerst gefährlichen Virusinfektion zu tun haben, gegen die es bislang keine wirksame Medikation gibt. Deshalb erscheint es sinnvoll, möglichst viele Menschen gegen das Virus zu impfen, um weitere Infektionen und Ansteckungen zu verhindern bzw. um die Folgen einer Infektion abzumildern.

Betrachtet man vor diesem Hintergrund kollektiven Wissens Verschwörungserzählungen zur Corona-Pandemie, so zeigt sich, dass diese exakt hier ansetzen. Gemäß der bei Butter beschriebenen Vorgehensweise wird die Geschichte „vom Ende her" erzählt und die Frage gestellt, wem die Pandemie und die Maßnahmen zu ihrer Bekämpfung nützen könnte. Diese Frage wird durchaus unterschiedlich beantwortet, aber ihre Beantwortung führt stets zu ähnlichen Ergebnissen: Es wird stets eine Elite identifiziert, die von der Pandemie profitiere – sei es die Pharmaindustrie, sei es Bill Gates, der an Impfungen verdiene, seien es „die Politiker", die unsere Grundrechte dauerhaft einschränken, das Bargeld abschaffen oder eine Zwangsimpfung einführen wollen.

Nun sagt das Vorliegen solcher Gemeinsamkeiten noch nichts über die Korrektheit oder Plausibilität der zugrundeliegenden Argumentation aus. Anhand eines in der Argumentationstheorie bekannten Modells wird deshalb im Folgenden versucht, typische, d.h. musterhaft vorkommende Argumentationsschwächen von Verschwörungserzählungen exemplarisch aufzudecken.

4. Argumentationen und ihre Struktur

Der britische Sprachphilosoph Stephen Toulmin hat im Jahre 1958 das Buch „*The Uses of Argument*" (dt.: Der Gebrauch von Argumenten) publiziert. Toulmins Argumentationstheorie, insbesondere sein Modell einer Argumentation, wurde seit den 1970er Jahren auch in Deutschland rezipiert und seither zu einem Klassiker.[5] Dies hat mehrere Gründe. Der wichtigste dürfte darin bestehen, dass Toulmin sehr klar die Nutzlosigkeit der formalen Logik sieht, wenn es darum geht, reale Argumentationen zu bewerten. Denn die formale Logik hebt auf die Form einer Argumentation ab, ohne ihre Inhalte zu berücksichtigen. Insbesondere Syllogismen, deren Konklusion bereits in den Prämissen enthalten ist[6], haben wenig mit alltäglichen Argumentationen zu tun, bei denen wir auf Schlüsse ganz anderer Art angewiesen sind:

> „Wir machen Behauptungen über die Zukunft und stützen sie durch Bezug auf unsere Erfahrungen darüber, wie es in der Vergangenheit war. Wir stellen Behauptungen auf über die Gefühle von jemandem oder über seine Rechtsstellung und stützen sie durch Bezug auf seine Äußerungen und Gesten bzw. durch Bezug auf seinen Geburtsort und die Gesetze über Nationalität. Wir übernehmen moralische Standpunkte, fällen ästhetische Urteile [...]. In all diesen Fällen steht es völlig außerhalb der Diskussion, die Schlußfolgerung als bloße Umformulierung mit Hilfe anderer Wörter von etwas anzusehen, das schon implizit im Datum und in der Stützung angegeben wurde."
> (Toulmin 1996: 112)

Vor diesem Hintergrund stellt Toulmin die Bestandteile einer Argumentation wie folgt dar:

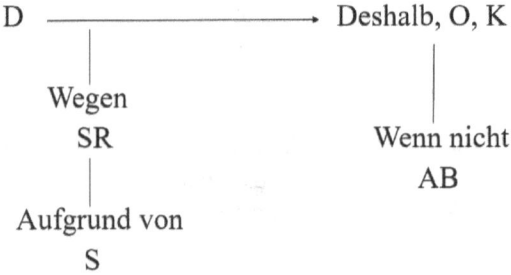

Abb. 1: Abstraktes Toulmin-Schema (Toulmin 1996: 95)

---

5 Zwar gibt es auch durchaus Kritik an und Weiterentwicklungen von Toulmins Modell. Diese werden hier aus Platzgründen nicht weiter verfolgt; vgl. dazu und zu neueren Darstellungsformen der Argumentationsanalyse die Handbuchbeiträge mit Literaturhinweisen von Kienpointner (2017) und Niehr (2017).
6 Hier ist insbesondere an einen Syllogismus des Typs „Alle Menschen sind sterblich. Sokrates ist ein Mensch. Also ist Sokrates sterblich" zu denken, bei dem die Konklusion sich unmittelbar aus den Prämissen ergibt.

Ausgehend von einer Konklusion (K) lässt sich fragen, welche Daten (D) dieser Konklusion zugrunde liegen. Den Übergang von den Daten zur Konklusion ermöglicht eine Schlussregel (SR), die gegebenenfalls noch durch eine Stützung (S) zu rechtfertigen ist. Optional können noch eine Ausnahmebedingung (AB) und ein Modaloperator (O) hinzukommen. Füllt man dieses Schema mit Aussagen, so ergibt sich beispielsweise:

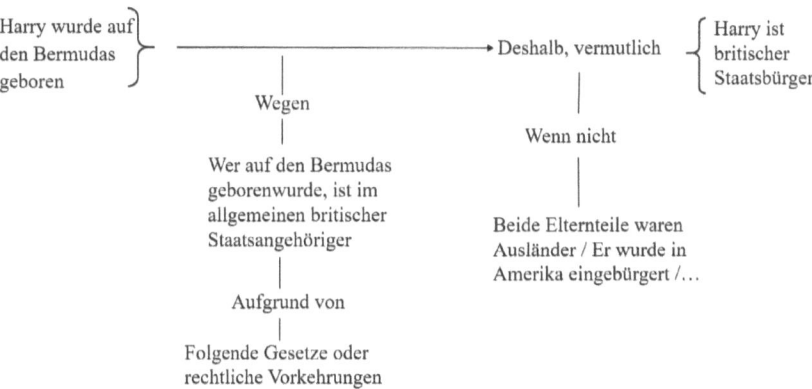

Abb. 2: *Konkretes Toulmin-Schema (Toulmin 1996: 96)*

Anhand eines solchen Schemas lässt sich die Qualität einer Alltagsargumentation relativ sicher beurteilen. Zwar müssen keineswegs alle Positionen des Schemas gefüllt werden (Niehr 2017: 170), aber sie sollten zumindest für verständige, wohlwollende Rezipient*innen ohne größere Anstrengungen rekonstruierbar sein. Dies gilt insbesondere für die meist implizit bleibende Schlussregel, die den Übergang von den Daten zur Konklusion und damit die Plausibilität eines Schlussverfahrens nicht nur in formaler Hinsicht garantiert.

5. Die Argumentation eines Verschwörungstheoretikers

Aus dem reichen Fundus kursierender Verschwörungserzählungen werden im Folgenden einige Texte von Heiko Schrang herangezogen. Sie sind teilweise nicht mehr im Netz verfügbar, weil Schrang häufiger die Internetpräsenzen wechselt und ältere Texte dann nicht mehr verfügbar sind.

Schrang betreibt unter anderem eine Homepage (www.heikoschrang.de) und einen eigenen YouTube-Kanal namens SchrangTV.[7] Dort agitiert er seit einiger Zeit gegen „die Politik", der er eine Verschwörung gegen das Volk unterstellt. Diese Verschwörung zeige sich auch in den Maßnahmen gegen die Corona-Pandemie, die in Wirklichkeit ergriffen würden, um die Rechte des Volkes zu beschneiden, das Bargeld abzuschaffen und mithilfe von RFID-Chips, die bei Corona-Impfungen implantiert würden, die totale Kontrolle über die Bevölkerung zu erhalten. Vor der Pandemie trat Schrang mit Behauptungen hervor, die sich ebenfalls in verschwörungstheoretischer Manier gegen politische Maßnahmen richteten. So behauptete er beispielsweise, die Wiedervereinigung sei lediglich inszeniert worden, um die D-Mark abzuschaffen.

Die in unserem Zusammenhang interessierende Frage richtet sich an die argumentative Absicherung derartiger Behauptungen. Hier lassen sich nun argumentative Muster feststellen, die im Folgenden jeweils durch ein Beispiel belegt werden.

5.1 Post hoc ergo propter hoc

Die in der Überschrift dieses Abschnitts beschriebene Figur wird in der Rhetorik als Fehlschluss gewertet. Er besteht darin, aus einer zeitlichen Abfolge (lat.: *post hoc*, dt.: danach, nachdem) bzw. Korrelation eine Kausalität (lat.: *propter hoc*, dt.: deswegen) abzuleiten. Diese Figur korrespondiert mit der Verschwörungstheorien häufig zugrunde liegenden Behauptung, dass es keine Zufälle gebe, dass vielmehr alles mit allem irgendwie zusammenhänge. Verschwörungstheoretiker nehmen häufig für sich in Anspruch solche (versteckten) Zusammenhänge zu sehen, die dem gemeinen Volk verborgen bleiben. Heiko Schrang setzt diese Figur gleich mehrfach bei seinen Betrachtungen über die Bilderberg-Konferenzen[8] ein.

> „Tatsache ist, dass in den letzten Jahrzehnten, speziell nach den Bilderberger Veranstaltungen, spürbare Veränderungen stattgefunden haben (Euroeinführung, Lehman-Pleite, Ukraine-Krise, Flüchtlingskrise u.v.m.). Immer wieder treten nach den Bilderberg-Konferenzen der letzten Jahre für den Unwissenden »zufällige« Ereignisse mit enormer

---

7   Zu den weiteren Aktivitäten Schrangs vgl. Niehr (2021). SchrangTV findet sich unter der folgenden URL: https://www.youtube.com/user/SchrangTV.
8   Zum verschwörungstheoretischen Potenzial der Bilderberg-Konferenzen vgl. Niehr (2020: 156).

Bedeutung für die Weltwirtschaft und die globale Entwicklung auf. Mitte 2008 beispielsweise tagte die Konferenz in Washington und wenige Monate später ließ man die Investmentbank »Lehman Brothers« über die Klinge springen. Im Folgejahr traf man sich in Athen und kurze Zeit später begann die griechische Schuldenkrise, deren Nachwirkungen wir noch heute spüren. Erstaunlich jedenfalls ist, dass nach den Bilderbergerveranstaltungen immer wieder enorme Karrieresprünge stattgefunden haben. Ein Beispiel ist Christian Lindner, dessen FDP nach den Wahlen in NRW groß gefeiert wird und den AfD-Wählern eine »demokratischere« Alternative für Deutschland bieten soll. Was jedoch wenige wissen ist, dass Christian Lindner 2013 neuer FDP-Chef wurde, nachdem er nur wenige Monate zuvor auf dem Bilderbergertreffen sein Debut hatte."
(Schrang 2017)

Betrachtet man diese Argumentationsfigur mithilfe des Toulmin-Schemas, so ergibt sich folgende Struktur:

Datum: Nach Bilderberg-Konferenzen traten Veränderungen von z.T. weltweiter Bedeutung auf.

Konklusion: Veränderungen von z.T. weltweiter Bedeutung wurden auf Bilderberg-Konferenzen geplant und beschlossen und dann auch in die Tat umgesetzt.

Nicht von ungefähr bereitet es Schwierigkeiten, eine plausible Schlussregel zu formulieren, die den Übergang von den Daten zur Konklusion gewährleisten könnte. Eine mögliche Formulierung könnte lauten:

Schlussregel:

Wenn nach Bilderberg-Konferenzen Veränderungen von z.T. weltweiter Bedeutung auftreten, dann wurden sie dort geplant, beschlossen und in die Tat umgesetzt.

Als Stützung einer solchen Schlussregel käme dann infrage:

Wenn zwei Ereignisse/Entwicklungen A und B in unmittelbarer zeitlicher Abfolge (und/oder örtlicher Nähe) geschehen, handelt es sich nicht um Zufall, sondern A ist die Ursache von B bzw. B ist die Wirkung/Folge von A.

Dass weder die formulierte Schlussregel noch die Stützung dieser Schlussregel allgemeine Gültigkeit beanspruchen können, scheint offensichtlich. Denn sonst ließen sich beliebige Zusammenhänge konstruieren, sofern eine zeitliche Abfolge (und/oder örtliche Nähe) vorläge, und zwar unabhängig von inhaltlichen Zusammenhängen. Zu denken ist beispielsweise an Wetterumschwünge (als Folge politischer Beeinflussung), an Pandemieausbrüche (infolge technischer Entwicklungen wie 5G- oder

113

WLAN-Technologie) oder auch an negative Börsenentwicklungen (infolge von Wetterumschwüngen). Zwar lassen sich derartige Zusammenhänge mit Mitteln rationaler Argumentation auch nicht vollkommen ausschließen, offensichtlich aber ist die formulierte Schlussregel nicht tauglich, um einen rational begründeten Übergang von den gegebenen Daten zur Konklusion zu ermöglichen. Vielmehr werden mit ihrer Hilfe Behauptungen zu rechtfertigen versucht, die Butter in Anlehnung an den amerikanischen Politikwissenschaftler Michael Barkun als Grundannahmen verschwörungstheoretischer Argumentationen kennzeichnet:

„1.) Nichts geschieht durch Zufall.
2.) Nichts ist, wie es scheint.
3.) Alles ist miteinander verbunden."
(Butter 2018: 22)

Diese Grundannahmen lassen sich geradezu als Handlungsanleitung lesen, wie man Verschwörungen aufdecken kann. Dazu bedarf es zunächst einer grundsätzlich misstrauischen Haltung, die stets nach im Hintergrund agierenden Mächten sucht, die es vermögen, die von ihnen zu ihrem eigenen Nutzen geplanten Ereignisse oder Entwicklungen der breiten Masse als Zufälle erscheinen zu lassen. Wenn dem aber so ist, liegt die Bemühung nahe, hinter den überall verbreiteten Schein zu schauen, den evozierten Schein zu durchschauen. Sofern einem dies gelingt, ergeben sich zahlreiche verborgene Zusammenhänge, die es aufzudecken gilt, um den Verschwörern das Handwerk zu legen.

5.2 Das argumentum ad verecundium

Die in der Kapitelüberschrift benannte Argumentationsfigur ist umgangssprachlich auch unter dem Terminus Autoritätsargumentation bekannt. Ihr Kennzeichen besteht darin, dass Autoritäten zur Bekräftigung des entsprechenden Arguments herangezogen werden. Zur Beurteilung einer solchen Argumentation ist entscheidend, welche Autorität für welchen thematischen Bereich herangezogen wird und ob die jeweils zur Bekräftigung ausgewählte Autorität tatsächlich einen Autoritätsstatus im entsprechenden Sachgebiet für sich beanspruchen kann. Ein Blick auf willkürlich konstruierte Beispiele zeigt, dass die Plausibilität einer Autoritätsargumentation nicht grundsätzlich gegeben ist.

Wird etwa eine Geisteswissenschaftlerin als Autorität in medizinischen Fragen zitiert, so ist sie als Autorität wenig überzeugungskräftig, selbst wenn sie akademische Titel führt. Das Gleiche gilt, wenn eine in Fachkreisen umstrittene Person, die bekanntermaßen Außenseitermeinungen vertritt, als Zeuge für weitreichende Behauptungen dieses Fachgebiets fungieren soll. Derartige Schwächen weisen die in Verschwörungstheorien angeführten Autoritätsargumente allerdings typischerweise auf.

So werden etwa von Verschwörungstheoretikern immer wieder Ärzte als Autoritäten in virologischen Fragen zitiert. Zu nennen sind hier insbesondere der Pneumologe und ehemalige Leiter des Gesundheitsamtes Flensburg Dr. Wolfgang Wodarg[9] und der emeritierte Professor für Medizinische Mikrobiologie Dr. Sucharit Bhakdi[10]. Beide vertreten Thesen mit Bezug auf die Corona-Pandemie, die als (wissenschaftliche) Außenseitermeinungen charakterisiert werden können. Alleine dadurch aber dürfte ihr Autoritätsstatus in Fragen der Virologie fraglich sein.[11] Behauptungen, die von derartigen Experten immer wieder zu hören sind, zielen darauf ab, dass Corona-Viren schon lange bekannt und nicht gefährlicher als Grippeviren seien. Momentan sei vor allem eine große Panikmache am Werk. Eine Impfung sei bestenfalls sinnlos, schlimmstenfalls aber gefährlich.[12]

Betrachtet man die entscheidende These dieser Argumentation mithilfe des Toulmin-Schemas, dann offenbart sich die Schwäche dieses Schlusses, und zwar unabhängig davon, ob zu seiner Bestätigung medizinische Experten angeführt werden:

Datum: Corona-Viren sind nicht neu, sondern schon lange bekannt.
Konklusion: Corona-Viren sind nicht gefährlich.
Schlussregel: Bekannte Viren sind nicht gefährlich.

Beginnt man bei der Beurteilung dieses Schlusses mit der Schlussregel, so erweist sie sich als wenig plausibel. Ein Hinweis auf Pocken-, HIV- oder Polio-Viren mag an dieser Stelle genügen, um ihre Nicht-Geltung (und Gefährlichkeit) zu illustrieren. Mit der Unannehmbarkeit der Schlussregel verliert aber die gesamte Argumentation an Plausibilität. Die Schwäche

---

9 Nähere Angaben zu Wodargs Werdegang finden sich im entsprechenden Wikipedia-Artikel: https://de.wikipedia.org/wiki/Wolfgang_Wodarg (Eingesehen am 15.04.2021).
10 Nähere Angaben zu Bhakdi im entsprechenden Wikipedia-Artikel: https://de.wikipedia.org/wiki/Sucharit_Bhakdi (Eingesehen am 15.04.2021).
11 So definiert das Duden-Universalwörterbuch Autorität als „Persönlichkeit mit maßgeblichem Einfluss u. hohem [fachlichem] Ansehen" (Duden 2019: 250).
12 Vgl. dazu beispielsweise die Richtigstellung von Correctiv: https://correctiv.org/faktencheck/hintergrund/2020/03/18/coronavirus-warum-die-aussagen-von-wolfgang-wodarg-wenig-mit-wissenschaft-zu-tun-haben/ sowie https://correctiv.org/faktencheck/2020/06/19/impfung-gegen-covid-19-sinnlos-sucharit-bhakdi-stellt-unbelegte-behauptungen-auf/ (Eingesehen am 22.04.2021).

einer solchen Argumentation kann auch nicht dadurch ausgeglichen werden, dass angebliche Autoritäten ihr beipflichten.

5.3 Das Argument des Widerspruchs

Verschwörungstheorien heben häufig darauf ab – so wurde bereits weiter oben festgestellt – etwas kollektiv Geltendes in etwas kollektiv Fragliches zu überführen. Um dies zu leisten, müssen sie Contra-Argumentationen sein, die sich gegen weithin unumstrittene Geltungsansprüche richten. Ein probates argumentatives Mittel, um gegnerische Geltungsansprüche zu delegitimieren, besteht darin, dem jeweiligen Gegner Widersprüche in seiner Argumentation nachzuweisen. Gelingt dies, so ist die Plausibilität der gegnerischen Argumentation erschüttert, und damit häufig auch die Glaubwürdigkeit des Gegners.

Entscheidend ist bei dieser Argumentationsfigur allerdings, was als widersprüchlich angesehen werden soll. Hier kommt eine diachrone Komponente ins Spiel, die alltagssprachlich gerne mit dem Ausspruch „Was stört mich mein Geschwätz von gestern" umschrieben wird. Dieser Ausspruch kritisiert ja die Nicht-Konsistenz von Aussagen einer Person, die diese zu verschiedenen Zeitpunkten getätigt hat. Die Zeit-Differenz ist allerdings hier von entscheidender Bedeutung. Denn eine Verabsolutierung der Forderung nach Widerspruchsfreiheit zwischen Aussagen einer Person machte jegliche Meinungsänderung und sogar jeglichen Lernfortschritt zum Widerspruch und damit mittelbar zu einem Glaubwürdigkeitsproblem. Insbesondere wenn die Forderung nach Widerspruchsfreiheit sich nicht auf Einzelpersonen, sondern auf Kollektive wie „die Politik" oder „die Wissenschaft" bezieht, kann sie strategisch eingesetzt werden.

Dies macht sich beispielsweise Heiko Schrang in seinem Video vom 21. April 2021[13] zunutze. Dort beklagt er einen Widerspruch, der darin bestehe, dass Schüler*innen mittlerweile vor dem Unterrichtsbesuch zu Schnelltests verpflichtet seien. Bislang („noch Anfang letzten Jahres") sei jedoch behauptet worden, Kinder seien von diesem Virus nicht stark betroffen und würden es auch nicht weitergeben.[14]

---

13 Es trägt den Titel „Willkommen in der Diktatur!" Die zitierte Passage beginnt mit der 9. Minute des Videos, das sich zur Zeit der Abfassung dieser Abhandlung in https://www.heikoschrang.de/de/neuigkeiten/2021/04/19/21-april-willkommen-in-der-totalen-diktatur/ (Eingesehen am 23.04.2021) finden lässt.

14 Analoge „Widersprüche" lassen sich bei den Empfehlungen der Experten ausmachen, welche Impfstoffe gegen das Corona-Virus für welche Personengruppen

Schrang ignoriert in dieser Passage gezielt, dass auch Wissenschaft (in diesem Fall die Virologie) sich weiterentwickelt und zu neuen Erkenntnissen gelangen kann, die neue Maßnahmen sinnvoll erscheinen lassen oder sogar erforderlich machen. Wird diese fundamentale Tatsache ausgeblendet, so ist es leicht, angebliche Widersprüche aufzudecken. Derartige Widersprüche, die auch gerne „der Politik" vorgeworfen werden, können jedoch nur dann als plausible Argumente die Glaubwürdigkeit des Gegners untergraben, „wenn der systematische Konsistenzanspruch an solche Aussagen die Zeitdifferenz ihrer Äußerung als irrelevante Kontextbestimmung zu relativieren vermag" (Kopperschmidt 1989: 198–199). Dies aber gilt gerade für wissenschaftliche Aussagen nicht, da das Wesen von Wissenschaft darin besteht, Theorien und Hypothesen zur Diskussion zu stellen und durch ihre Überprüfung und gegebenenfalls Widerlegung idealerweise zu neuen Erkenntnissen zu gelangen.

Diese Tatsache bringt Gesundheitsminister Jens Spahn in einer Bundestagsdebatte am 22.04.2020 auf den Punkt, indem er Folgendes ausführt:

„Bei etwas anderem bin ich ausdrücklich Ihrer Meinung – das will ich auch grundsätzlich zu anderen Debatten, etwa auch gerade zur Maske und anderem, sagen –, dass wir nämlich miteinander in ein paar Monaten wahrscheinlich viel werden verzeihen müssen, weil noch nie – (Lachen bei Abgeordneten der LINKEN) – ja, Sie mögen lachen; ich will es trotzdem mal sagen – in der Geschichte der Bundesrepublik und vielleicht auch darüber hinaus in so kurzer Zeit unter solchen Umständen mit dem Wissen, das verfügbar ist, und mit all den Unwägbarkeiten, die da sind, so tiefgreifende Entscheidungen haben getroffen werden müssen; das hat es so noch nicht gegeben. Ich bin immer ganz neidisch auf diejenigen, die schon immer alles gewusst haben.

Wir haben in den letzten Wochen alle gemeinsam viel dazugelernt, auch über dieses Virus und über manche Folgen von Entscheidungen. Ich bin mir sicher: Jenseits von Politik wird auch für die Gesellschaft, selbst für Virologen und Wissenschaftler, eine Phase kommen, wo wir alle im Nachhinein feststellen werden, dass man vielleicht an der

---

vorzugsweise einzusetzen seien. Sie sind ein deutliches Beispiel dafür, dass Erkenntnisgewinn zu Verunsicherung führen kann. Im speziellen Fall scheint diese Unsicherheit zur Folge zu haben, dass viele Menschen die potenziellen Risiken einer Impfung mit dem Wirkstoff der Firma Astra Zeneca höher einschätzen als die Gefahren, die bei einer Infektion mit dem Corona-Virus drohen. (Zumindest gilt dies zum Zeitpunkt der Fertigstellung dieses Aufsatzes Anfang Mai 2021.)

einen oder anderen Stelle falschgelegen hat oder an der einen oder anderen Stelle Dinge dann noch mal korrigieren und nachsteuern muss. Das finde ich in einer Zeit wie dieser vergleichsweise normal. Wenn wir da ein Grundsatzverständnis hätten, dass das in einer Zeit solcher Unwägbarkeit dazugehört, dann wäre das schon mal ein wichtiger Schritt."
(Deutscher Bundestag – 19. Wahlperiode – 155. Sitzung. Stenografischer Bericht, 19211, B)

Die Forderung nach Widerspruchsfreiheit erweist sich bei näherem Hinsehen mithin als ein Argument, das keineswegs pauschale Gültigkeit für sich beanspruchen kann. Insbesondere bei Kollektiven, deren Diversität gerne mit generischen Bezeichnungen wie „die Politik" oder „die Wissenschaft" verschleiert wird, kann Widerspruchsfreiheit in dem hier skizzierten naiven Verständnis nicht als Zeichen von Transparenz oder Glaubwürdigkeit gefordert werden.

6. Fazit

Anhand ausgewählter Beispiele sollte in diesem Beitrag illustriert werden, dass Verschwörungstheorien sprachliche Gebilde sind, die sich spezieller argumentativer Verfahren bedienen. Derartige Verfahren nehmen in Verschwörungstheorien eine zentrale Rolle ein, weil Verschwörungstheorien im Wesentlichen Contra-Argumentationen sind, die sich gegen die Geltungsansprüche kollektiv geltender Wirklichkeitskonstruktionen richten.

Mittels einer Argumentationsanalyse kann gezeigt werden, dass die Plausibilität verschwörungstheoretischer Argumentationen zweifelhaft ist. Die mangelnde Plausibilität ist durch Fehlschlüsse oder persuasive Verfahren begründet, die den Kriterien einer rationalen Argumentation nicht genügen oder diese sogar bewusst unterlaufen. Es bedarf mithin der Kompetenz, Argumentationen auf ihre Rationalität zu überprüfen, um Verschwörungstheorien als das zu durchschauen, was sie tatsächlich sind – argumentative Taschenspielertricks, von denen bei Lichte besehen keineswegs der „eigentümlich zwanglose Zwang des besseren Argumentes" (Habermas 1971: 137) ausgeht.

Literaturverzeichnis

Bosch, Nikolaus (2015): *Niedrige Beweggründe*. In: JURA – Juristische Ausbildung 37/8, 803–812.

Brinker, Klaus / Cölfen, Hermann / Pappert, Steffen (Hg.) (2018): *Linguistische Textanalyse. Eine Einführung in Grundbegriffe und Methoden*. 9., durchgesehene Auflage (= Grundlagen der Germanistik, Bd. 29). Schmidt: Berlin.

Butter, Michael (2018): *„Nichts ist, wie es scheint". Über Verschwörungstheorien*. Suhrkamp: Berlin.

Duden (2019): *Deutsches Universalwörterbuch*. 9., vollständig überarbeitete und erweiterte Auflage. Dudenverlag: Berlin.

Glück, Helmut / Rödel, Michael (Hg.) (2016): *Metzler Lexikon Sprache*. 5., aktualisierte und überarbeitete Auflage. Metzler: Stuttgart.

Habermas, Jürgen (1971): *Vorbereitende Bemerkungen zu einer Theorie der kommunikativen Kompetenz*. In: N. Luhmann / J. Habermas (Hg.): Theorie der Gesellschaft oder Sozialtechnologie. Suhrkamp: Frankfurt am Main, 101–141.

Kienpointner, Manfred (2017): *Topoi*. In: K. V. Roth u.a. (Hg.): *Handbuch Sprache in Politik und Gesellschaft* (Handbücher Sprachwissen 19). De Gruyter: Berlin, 187–211.

Kilian, Jörg / Niehr, Thomas / Schiewe, Jürgen (2016): *Sprachkritik. Ansätze und Methoden der kritischen Sprachbetrachtung*. 2., überarbeitete und erweiterte Auflage (Germanistische Arbeitshefte 43). De Gruyter: Berlin.

Klein, Wolfgang (1980): *Argumentation und Argument*. In: Zeitschrift für Literaturwissenschaft und Linguistik 38–39, 9–57.

Niehr, Thomas (2007): *Schlagwort*. In: G. Ueding (Hg.): Historisches Wörterbuch der Rhetorik. Band 8. Rhet – St. Tübingen: Niemeyer, 496–502.

Niehr, Thomas (2017): *Argumentation in Texten*. In: K. V. Roth u.a. (Hg.): Handbuch Sprache in Politik und Gesellschaft (Handbücher Sprachwissen 19). De Gruyter: Berlin, 165–186.

Niehr, Thomas (2019a): *Schlagwörter und Leerformeln in der politischen Rede*. In: Burkhardt, Armin (Hg.): Handbuch Politische Rhetorik (Handbücher Rhetorik 10). De Gruyter: Berlin, 671–688.

Niehr, Thomas (2019b): *Euphemismus – (k)eine Kategorie der linguistisch-deskriptiven Diskursanalyse?* In: G. Rocco / E. Schafroth (Hg.): Vergleichende Diskurslinguistik. Methoden und Forschungspraxis. In Zusammenarbeit mit Juliane Niedner (Kontrastive Linguistik / Linguistica contrastiva 9). Peter Lang: Berlin, 93–112.

Niehr, Thomas (2020): *Populistische Medienkritik im Netz. Erscheinungsweisen und Erklärungsversuche*. In: K. Beckers / M. Wassermann (Hg.): Wissenskommunikation im Web. Sprachwissenschaftliche Perspektiven und Analysen (Transferwissenschaften 11). Peter Lang: Berlin, 141–161.

Niehr, Thomas (2021): *Argumentation und Narration in verschwörungstheoretischen Youtube-Videos*. In: Zeitschrift für Literaturwissenschaft und Linguistik. doi: 10.1007/s41244-021-00203-5.

Niehr, Thomas / Kilian, Jörg / Schiewe, Jürgen (Hg.) (2020): *Handbuch Sprachkritik.* Metzler: Stuttgart.

Nocun, Katharina / Lamberty, Pia (2020): *Fake Facts. Wie Verschwörungstheorien unser Denken bestimmen.* Quadriga: Köln.

Römer, David / Stumpf, Sören (2020): *Sprachliche Mittel in Verschwörungstheorien. Das Beispiel »Gates kapert Deutschland«.* In: Der Sprachdienst 64/6, 249–259.

Schrang, Heiko (2017): *EILMELDUNG: Soll Trump weg? Bilderberger-Treffen 2017 in den USA.* In: http://www.macht-steuert-wissen.de (22.05.2017). (Eingesehen am 04.11.2021).

Toulmin, Stephen (1996): *Der Gebrauch von Argumenten.* Beltz Athenäum: Weinheim.

Lüge und Täuschung in der Politik[1]

Helmut König

Abstract

Seit jeher gehören Lügen und Täuschungen zu den üblichen Mitteln politischen Handelns. Unter gewöhnlichen Bedingungen kommen intakte Demokratien damit ganz gut zurecht. Bei Präsident Donald Trump diente die Lüge als eine Art Lackmustest, mit dem das eigene Lager zusammengehalten wurde. Das Vorhaben des neuen US-Präsidenten Joe Biden, die Spaltung der Gesellschaft und die Praxis von Lüge und Täuschung dauerhaft zu überwinden, kann mit dem Einsatz von Geld und überlegenem Wissen allein nicht gelingen.

1. Streifzüge und Beispiele: Sie lügen doch alle

Lügen, Irreführungen und Täuschungen gelten allgemein als gängige Münze des Politikbetriebs. Politik, so besagt das weit verbreitete Urteil, ist ein schmutziges Geschäft, in dem mit harten Bandagen gekämpft wird und in dem alle Mittel recht sind. In der Tat ist die überlieferte Politikgeschichte voller Belege für diese Behauptung, von ihren Anfängen bis in die Gegenwart, von den homerischen Epen bis Wladimir Putin und Donald Trump.

Um nur einige Beispiele aus den letzten 50 Jahren in den USA zu geben: Vor genau einem halben Jahrhundert, von Juni 1971 an, publizierte die „New York Times" in einer Artikelserie die „Pentagon Papers". Sie offenbarten nicht nur folgenschwere Fehler und Versäumnisse der verantwortlichen Politiker im Weißen Haus, sondern auch, in welchem Ausmaß vier US-Präsidenten im Zeitraum zwischen 1950 und 1968 die Öffentlichkeit über die Hintergründe, Entscheidungsprozesse und das Ausmaß des Vietnam-Krieges in die Irre geführt und getäuscht hatten. Kurz drauf, in den Jahren 1972 bis 1974, versuchte Präsident Richard Nixon, sich über den Watergate-Skandal hinwegzulügen. Bill Clinton, amerikanischer Präsident von 1993 bis 2001, log unter Eid über seine Affäre mit der Praktikantin

---

[1] Der Beitrag beruht im ersten und zweiten Teil auf meinem Buch, das im September 2020 erschienen ist (König 2020). Dort finden sich auch die genauen Nachweise. Wo ich weiteres Material und weitere Quellen heranziehe, sind die entsprechenden Belege im Text angegeben.

Helmut König

Monica Lewinsky. Sein direkter Nachfolger George W. Bush täuschte 2002 die amerikanische Öffentlichkeit und die Vereinten Nationen über den Irak-Krieg, als er behauptete, dass das Regime Saddam Husseins die Welt mit seinen chemischen und bakteriologischen Waffen bedrohe. Bush begann den Angriff der USA auf den Irak am 19. März 2003 mit der Begründung: „Das Volk der Vereinigten Staaten und unsere Freunde und Verbündeten wollen nicht einem Unrechtsregime ausgeliefert leben, das den Frieden mit Waffen für Massenmord bedroht." Und am 29. Mai 2003 erklärte der Präsident in einem Interview:

> „Wir haben die Massenvernichtungswaffen gefunden. Wir haben biologische Laboratorien gefunden ... Und wir werden im Lauf der Zeit noch mehr Waffen finden."

Nichts davon entsprach der Wahrheit.

Auch die deutsche und europäische Geschichte ist reich an spektakulären Lügen- und Täuschungsmanövern. Eines der berühmtesten ist die „Emser Depesche", die Bismarck absichtsvoll durch radikale Kürzungen so entstellte, dass Frankreich vor aller Augen gedemütigt dastand und Preußen am 19. Juli 1870 den Krieg erklärte. Bismarck hielt den Krieg mit Frankreich für unvermeidlich, wollte aber unbedingt den Eindruck erzeugen, dass Preußen überrascht wurde und den Krieg nur als Verteidigungskrieg führte. Das Täuschungsmanöver war erfolgreich: Preußen erschien als Opfer einer Intrige, der Krieg erschien als Defensivkrieg, die süddeutschen Staaten erkannten den Bündnisfall an und sprangen Preußen zur Seite.

Um noch einige Beispiele aus der Geschichte der Bundesrepublik zu nehmen: Ein wichtiger Punkt, an dem die Weichen für die weitere Entwicklung gestellt wurden, war die sog. Spiegel-Affäre aus dem Jahre 1962. Sie war deswegen so wichtig, weil hier der Grundsatz zur Geltung kam, dass Freiheit und Unabhängigkeit der Presse überaus hohe Güter sind und dass in demokratischen Rechtsstaaten unliebsame Journalisten und Presseorgane nicht willkürlich und in der Manier eines Polizeistaats verfolgt werden dürfen. Aus der Affäre wurde eine veritable Regierungskrise, in deren Verlauf der Verteidigungsminister Franz-Josef Strauß zurücktreten musste. Strauß hatte das Parlament belogen, als er behauptete, dass er mit der Verhaftung des Spiegel-Redakteurs Conrad Ahlers in Spanien nichts zu tun habe. De facto war sie, und das auch noch in einem eindeutig rechtswidrigen Akt, auf seine Anordnung hin zustande gekommen. Die Täuschung im Parlament sorgte dafür, dass Strauß auch über den Rücktritt hinaus seine Chancen auf die Nachfolge des Bundeskanzlers Adenauer verspielte.

Berühmt geworden und über das tragische Ende eines seiner Protagonisten hinaus in Erinnerung geblieben ist ferner die Barschel-Affäre aus dem Jahre 1987. Im unmittelbaren Umfeld des schleswig-holsteinischen Ministerpräsidenten Uwe Barschel gab es eine Reihe fragwürdiger Machenschaften, Barschel gab sein „Ehrenwort", dass er damit nichts zu tun habe, kurz darauf wurde er tot in einem Hotel in Genf aufgefunden. Vieles spricht für einen Suizid und dafür, dass Barschel von den rechtswidrigen Handlungen in seiner unmittelbaren Umgebung mindestens gewusst haben muss. Fünf Jahre später kam heraus, dass Björn Engholm, der damalige Konkurrent von Barschel um das Amt des Ministerpräsidenten und dann auch tatsächlich dessen Nachfolger, schon früher über die Sachlage im Bilde gewesen war, als er bis dahin behauptet hatte. Damit war klar, dass auch Engholm zum Mittel der Täuschung gegriffen und den Untersuchungsausschuss des Kieler Landtags 1988 belogen hatte. Daraufhin trat er im Mai 1993 vom Amt des Ministerpräsidenten zurück und gab auch seinen Posten als SPD-Parteivorsitzender auf, womit sich zugleich seine mögliche Kanzlerkandidatur für die Bundestagswahl 1994 erledigt hatte.

In beiden Fällen, in der Barschel- wie in der Spiegel-Affäre liegt offen zutage, dass die politischen Akteure zugunsten ihrer eigenen Karriere und ihrer eigenen Positionen zu den Mitteln von Lüge und Täuschung gegriffen hatten. Höhere Interessen des Staates waren in beiden Fällen beim besten Willen nicht zu erkennen. Anders liegt, um ein letztes Beispiel zu nehmen, ein Fall aus dem Jahre 2011. Der Vorsitzende der Eurogruppe Jean-Claude Juncker dementierte im Mai 2011 die Meldung, dass ein Krisentreffen der europäischen Finanzminister über den Austritt Griechenlands aus der Euro-Zone berate. Das Dementi war eine klare Lüge. Juncker wollte damit Verwerfungen an den Finanzmärkten verhindern, die als Reaktion auf die Beratungen zu befürchten gewesen wären. Nachdem die Situation überstanden war, vertuschte Juncker seine Lüge nicht, sondern gab gegenüber Journalisten offen Auskunft über seine Beweggründe. Die Lüge blieb ohne negative Konsequenzen.

Für alle genannten Beispiele gilt, dass die Lügen, nachdem sie einmal aufgedeckt waren, nicht weiter aufrechterhalten werden konnten. Welche unmittelbaren Konsequenzen und indirekten Folgen mit der Aufdeckung jeweils verbunden waren, ist aber noch einmal eine andere Frage. Der Vietnam-Krieg, die Watergate-Affäre und der dritte Golfkrieg gehören bis heute zu den tiefsten Wunden im amerikanischen Selbstbild. Die Publikation der geheimen, vom amerikanischen Verteidigungsminister McNamara selbst in Auftrag gegebenen „Pentagon-Papiere", an denen 36 Autoren aus den Reihen der Administration seit Mitte 1967 anderthalb Jahre lang gearbeitet hatten und die mehr als 7000 Seiten umfasste, löste

Helmut König

in den USA und darüber hinaus ein mittleres Erdbeben aus. Nixon konnte sich, als seine Lügen aufflogen, nicht mehr im Amt halten und trat 1974 zurück. Clinton wurde im Jahre 1999 fast seines Amtes enthoben. Zunächst leugnete er die Affäre mit der Praktikantin, und erst als die Beweise erdrückend wurden, gab er sie zu. Der Senat sprach ihn aber im förmlichen Amtsenthebungsverfahren frei, weil er zwar einen Meineid geschworen und damit eine Straftat begangen hatte, aber die US-Verfassung nennt Landesverrat, Bestechung oder andere „schwere Verbrechen und Vergehen" als Grundlage für ein Impeachment, und ein Meineid über eine außereheliche Affäre fällt nicht unter diese Tatbestände. Colin Powell, der 2002 als Außenminister in der Regierung von Präsident Bush vor der UNO die ungesicherten Erkenntnisse über den Irak als verlässliche Wahrheiten ausgegeben hatte, kritisierte später öffentlich das Verhalten seines Präsidenten und bedauerte, dass er die Öffentlichkeit in die Irre geführt hatte. Viele Medien hatten die Behauptungen der Bush-Regierung ohne ernsthafte Prüfung übernommen und verbreitet. Die „New York Times" hat sich dafür später öffentlich entschuldigt. Die Bush-Regierung bekam trotz ihres riskanten Spiels mit der Wahrheit in der amerikanischen Öffentlichkeit ausreichend Unterstützung für den Krieg gegen den Irak. Das lag aber eher daran, dass nach den verheerenden Anschlägen von 9/11 der Wunsch sehr groß war, die Macht und die Handlungsfähigkeit des eigenen Landes unter Beweis zu stellen.

Man kann einige allgemeine Lehren aus diesen Beispielen ziehen. Zum Ersten zeigen sie, dass es ganz und gar nicht im Sinne der Lügner war, dass ihre Lügen ins helle Licht der Öffentlichkeit gezogen wurden und sie mit ihren Lügen und Täuschungen aufflogen (mit der Ausnahme der Lüge von Juncker). Die zweite Lehre ist: Wer sich mit seinen Lügen einen persönlichen Vorteil auf Kosten anderer verschaffen will, dem wird das normalerweise nicht verziehen. Lügen, die nur dem eigenen Fortkommen dienen und mit dem Hinweis auf die Zwecke des Gemeinwohls oder höherrangige nationale Interessen nicht überzeugend begründet, sondern nur mühsam kaschiert werden, können kaum auf Nachsicht rechnen. Wer dagegen, das ist die dritte Lehre, die Mittel von Lüge und Täuschung nicht für den eigenen Vorteil einsetzt, sondern im Dienste der höheren Interessen des Staates, der kann nicht nur auf Verständnis rechnen, sondern, jedenfalls dann, wenn er erfolgreich ist, auf Anerkennung, Bewunderung und Ruhm. Das gilt vor allem in den Fällen, in denen die Belange des eigenen Landes gegen andere Staaten durchgesetzt werden und Lüge und Täuschung erkennbar dem Ziel dienen, die äußeren Gegner zu irritieren und zu besiegen, und damit im Grunde eine Kriegslist sind. Deswegen zählt Bismarck im Allgemeinen bis heute zu den großen Staatsmännern der Geschichte. Für Lügen und Täuschungen im höheren Interesse des Staates wird so viel Verständnis und Lob gezeigt wie für diejenigen Lügen im Alltagsleben, die nicht egoistischen Zwecken dienen, sondern von denen behauptet wird, dass sie im Interesse des Belogenen liegen, etwa wenn ein Arzt dem tödlich erkrankten Patienten die Wahrheit verschweigt. Generell kann man sagen, dass rechtsstaatliche Demokratien in einigermaßen normalen Zeiten mit Lügen und Täuschungen ganz gut zurechtkommen und ihr Ausmaß und die negativen Folgen, die mit ihnen verbunden sind, in erträglichen Grenzen zu halten vermögen.

2. Trump: Von der Ausnahme zur Regel

Es spricht einiges dafür, dass die Lügen und Täuschungen, die der 45. Präsident der USA, Donald Trump, an den Tag gelegt hat, von einem ganz anderen Kaliber sind als die bisher hier genannten Fälle. Das gilt zum einen schon wegen der puren Zahl der Lügen, mit denen Trump täglich aufwartete. Die sog. Faktenchecker der „Washington Post" haben nachgewiesen, dass Trump während seiner vierjährigen Amtszeit insgesamt 30.573 irreführende und falsche Aussagen getätigt hat, das sind im Schnitt mehr als 20 pro Tag (siehe „Washington Post" vom 24.1.2021). Das bedeutet, dass Lüge und Täuschung für Trump nicht die Ausnahme waren, sondern die Regel. Immer wenn er eine Aussage machte, war die Wahrscheinlichkeit sehr groß, dass er nicht die Wahrheit sagte. Das ist deswegen bemerkenswert, weil damit in gewisser Weise die Voraussetzung für erfolgreiches Lügen und Täuschen unterminiert wurde. Wer eine Lüge äußert, verfolgt damit normalerweise den Zweck, dass der Adressat die Lüge für die Wahrheit nimmt. Insofern bestätigt jede Lüge den Vorrang der Wahrheit, und der Erfolg der Lüge ist davon abhängig, dass sie die Ausnahme ist und jeder davon ausgeht, dass der Lügner normalerweise die Wahrheit sagt. Bei Trump war das aber nicht der Fall. Eigentlich wusste jeder oder konnte es zumindest wissen, dass Trump gewöhnlich nicht die Wahrheit sagte, sondern unentwegt Lügen und Täuschungen in die Welt setzte.

Hinzu kommt ein weiterer wichtiger Gesichtspunkt. Während normalerweise jemand, dem eine Lüge oder eine unwahre Aussage nachgewiesen wird, davon ablässt, diese Aussage weiterhin zu tätigen, war das bei Trump anders. Er ließ sich durch den Nachweis, dass er Lügen und irreführenden Aussagen verbreitete, ganz und gar nicht davon abhalten, mit dieser Praxis fortzufahren. Das hat die Faktenchecker der „Washington Post" so sehr in Erstaunen versetzt, dass sie dafür eine eigene neue „Trophäe" kreiert haben. Für gewöhnliche Lügen vergeben sie, je nach Schwere des Falls, einen bis vier Pinocchios, also jener Buchfigur, deren Nase beim Lügen länger wird. Ende 2018 führte die Zeitung den sog. bodenlosen Pinocchio ein, und zwar für die Fälle, in denen jemand mindestens zwanzigmal bei der Lüge auch dann noch blieb, wenn ihm nachgewiesen worden war, dass er die Unwahrheit gesagt hatte. Trump erhielt den „bottomless Pinocchio" bis April 2019 bereits einundzwanzigmal.

Wir dürfen daraus schließen, dass wir es im Fall des ehemaligen US-Präsidenten mit einer besonderen Form des Lügens zu tun haben. Offenbar besteht der Zweck nicht mehr darin, die Adressaten zu täuschen oder in die Irre zu führen. Stattdessen dienen die Lügen der Spaltung der Gesellschaft und sind, wie in der Mafia, eine Art von Lackmustest auf komplizenhafte Treue und Ergebenheit der eigenen Gefolgschaft. Das wurde zuletzt bei der offenkundigen Lüge Trumps, dass ihm bei seiner Niederlage in der Wahl vom November 2020 der Sieg gestohlen worden sei, besonders deutlich sichtbar. Gerade in dieser Stunde der Niederlage zeigten sich die verheerenden Konsequenzen der Praxis von Lüge und Täuschung, die die gesamte Amtszeit von Donald Trump charakterisiert. Die Legende vom gestohlenen Wahlsieg diente dem abgewählten Präsidenten offenbar nur dazu, zu erkennen, wie groß sein Rückhalt in seiner eigenen Partei und in der Bevölkerung noch war. Dass weite Teile der Republikanischen Partei das mit sich machen ließen, dass mehr als 70 Millionen Wähler bei der Wahl im November Trump ihre Stimme gaben, dass bis heute nach Meinungsumfragen immer noch Millionen von Amerikanern auf der Seite des früheren Präsidenten stehen und ihm die Treue bewahren, wirft kein gutes Licht auf den Zustand des Landes.

3. Geld, Wissen und politische Urteilskraft

Die Niederlage der Republikaner bei den Wahlen vom November 2020 und die Pathologie aus Realitätsverleugnung und blinder Wut, die Trump in den Wochen danach, wie kaum anders zu erwarten, an den Tag legte, ist das eine. Zugleich stellt sich aber auch die Frage, wie auf der Seite der Demokratischen Partei und des neuen Präsidenten Biden in einer zutiefst gespaltenen Gesellschaft ein wirklicher Neuanfang aussehen kann. Das ist alles andere als eine Lappalie. Denn für das politische Leben gilt das gleiche wie im Alltagsleben: Porzellan zu zerschlagen, im wörtlichen und im übertragenen Sinn, ist leichter und geht viel schneller, als es zu kitten. Es ist einfach, das Gift des Misstrauens, des Neids und des Verdachts unter die Leute zu bringen, weitaus schwieriger ist es, die aufgerissenen Wunden zu heilen.

Mit Geld allein geht es jedenfalls nicht. Der neue Präsident Biden hat ein 1,9 Billionen Dollar schweres Hilfspaket und die Verdopplung des Mindestlohns auf 15 Dollar pro Stunde auf den Weg gebracht. Und er plant ein Infrastrukturprogramm in Dimensionen, die an den berühmten „New Deal" heranreichen, den einst Präsident Roosevelt als Antwort auf die Weltwirtschaftskrise in den 1930er Jahren realisierte. Natürlich sind Maßnahmen dieser Art wichtig und nötig, um das Unglück der Corona-Pandemie zu verringern, um etwas gegen den grassierenden Hunger zu tun und um die nackten Existenznöte, die sich im Land der unbegrenzten Möglichkeiten ausgebreitet haben, zu bekämpfen. Aber das Ziel einer neuen Einheit und der Heilung, das bei der Inauguration des neuen Präsidenten am 20. Januar 2021 beschworen wurde, lässt sich mit noch so viel Geld nicht erkaufen. Politische Ziele dieser Art sind grundsätzlich nicht käuflich.

Auch der Einsatz überlegenen Wissens kann die tief reichende Spaltung der Gesellschaft nicht überwinden. Die Anklage, die die Demokraten gegen den Ex-Präsidenten beim zweiten Impeachment-Verfahren gegen Trump im Senat vortrugen, basierte auf der Annahme, dass man den republikanischen Senatoren und den Anhängern und Wählern Trumps möglichst eindringlich und emotional vor Augen führen muss, wie verheerend der Angriff der Anhänger Trumps vom 6. Januar 2021 auf das Kapitol gewesen ist, um sie von der Niedertracht des Ex-Präsidenten zu überzeugen. Das war gewiss eindrucksvoll, und es wurde sichtbar, wie nahe das Land tatsächlich am Rande einer noch viel größeren Katastrophe mit vielen weiteren Toten stand. Dennoch: Diese Art der Argumentation, die die Demokraten an den Tag legten, basiert auf einer fragwürdigen Voraussetzung. Sie beruht auf der Annahme, dass die Unterstützung für Trump im Grunde das Ergebnis eines Irrtums gewesen ist und dass man die Leute nur eindringlich genug mit den Tatsachen vertraut machen muss, damit es ihnen dann wie Schuppen von den Augen fällt und sie die Wahrheit erkennen.

Aber es war und ist kein Irrtum, der der Verehrung und Unterstützung für Donald Trump zugrunde liegt, es war und ist keine Frage von Wissenslücken und fehlenden Informationen über seine Verfehlungen und über seine absurde Realitätswahrnehmung, die ihn 2016 zum Wahlsieger gemacht und ihm 2020 immer noch über 70 Millionen Wählerstimmen eingebracht hat. Jeder kann sich in den USA zu jeder Zeit und ohne großen Aufwand ausreichend und durchaus verlässlich informieren. Offenbar geht es nicht um ein Problem des Wissens und der Information, sondern, eine Ebene tiefer, um die Fähigkeit und Bereitschaft, Informationen aufzunehmen, zu verarbeiten, zu durchdenken und darüber in einen Austausch mit anderen einzutreten. Das ist aber keine Frage des Wissens, sondern eine Frage der Beziehung, — der Beziehung zu sich selbst, zu anderen, zur eigenen Umgebung, zum politischen Handeln, zum Staat. Und in Beziehungen spielen Vertrauen und Misstrauen die zentrale Rolle.

Die Bedeutung des Wissens im Prozess der Aufklärung und als Gradmesser für die Qualität der politischen Kultur eines Landes wird vielfach überschätzt. Politische Urteilskraft ist nicht vom Umfang des Wissens abhängig, über das man verfügt, sondern zeigt sich an der Fähigkeit, unterschiedliche Blickwinkel zuzulassen und die Perspektive anderer einzunehmen. Es geht also nicht um die Vermehrung von Informationen und Wissensbeständen, sondern um den Umgang damit. Das ist keine Frage der Theorie, sondern eine Frage der Praxis, es ist auch keine technische oder didaktische Frage, sondern eine Frage der Übung und der Erfahrung. Kein noch so gut gefüllter Nürnberger Trichter kann das ersetzen. Alle Vorstellungen, die meinen, man müsse die Leute nur mit den richtigen Informations- und Wissensreizen versehen, um am Ende die gewünschten Reaktionen zu erzielen, führen in die Irre.

Das Ausschütten von Geld kann als Bestechungsversuch wahrgenommen werden, und das überlegene Wissen steht, wenn das entsprechende Misstrauen erst einmal in der Welt ist, schnell im Verdacht der Besserwisserei. Geld und Wissen allein heilen die Wunden nicht. Wie die amerikanische Soziologin Arlie Russel Hochschild (2017) in einer profunden Studie gezeigt hat, beruhte der Erfolg Trumps bei den Wahlen des Jahres 2016 vor allem darauf, dass er den einfachen Leuten die Scham über ihre Ansichten, Lebensweisen und Gewohnheiten genommen hat. Das waren die gleichen Leute, denen die demokratische Kandidatin Hillary Clinton damals bescheinigte, nichtswürdig ("*deplorable*") zu sein. Zweifellos hat Trump das mit allerlei Demagogie und Taschenspielertricks gemacht. Aber es mildert die Scham nicht, sondern verschlimmert sie, wenn man den Beschämten nun auch noch nachweist, dass sie einem Trickbetrüger und Hochstapler aufgesessen sind. Damit sind sie nur ein weiteres Mal bloßgestellt.

Die größte Versuchung auf der Seite der Sieger besteht immer darin, dass sie die Gelegenheit zur Demütigung der Unterlegenen nutzen. Und sie tun das oftmals gar nicht absichtlich, sondern ganz ungewollt und allein deswegen, weil sie verlernt und vergessen haben, wie sich das anfühlt, wenn man zu den Verlierern gehört und eigentlich schon immer den Eindruck hatte, auf der Verliererseite des Lebens zu stehen.

So wie die Republikanische Partei ihre Niederlage sehen und akzeptieren muss, um sich zu erneuern, so müssen die Demokraten die Verzweiflung und Verlassenheitsgefühle vieler Anhänger und Wähler Trumps sehen, wenn sie ihr Vorhaben eines Neuanfangs wirklich ernst meinen. Die Lyrikern Amanda Gorman sagte in ihrem Poem bei der Amtseinführung von Joe Biden, dass es darauf ankommt, Brücken zu bauen, statt die Messer zu wetzen (Gorman 2021). Wohl wahr. Der politische Brückenbau ist aber keine Aufgabe der Technik und der Ingenieurskunst. Dazu bedarf es anderer Wege und Fähigkeiten und anderer Strategien. Es müssen Orte und Spielräume für gemeinsames Handeln und für den Austausch der Meinungen entstehen, in denen die Beteiligten die Erfahrung machen können, was es bedeutet, politisch zu handeln. Das geht nur lokal, vor Ort, in den Städten und Gemeinden, in denen nicht nur die Not oftmals groß ist, sondern wo es auch die Potentiale gibt, neue Ideen zu entwickeln, gemeinsame Vorhaben in Angriff zu nehmen und für ihre Umsetzung aktiv zu werden.

Dafür können Finanzierungshilfen und staatliche Unterstützungsfonds hilfreich sein, — es ist aber wichtig, darauf zu achten, dass sie nicht wie vergiftete Geschenke wirken, die den Stolz der Empfänger kränken, den Beteiligten die Kompetenz aberkennen, ihre Kraft blockieren und sie entmündigen. Entscheidend ist, dass verschiedene Akteure miteinander in Beziehung treten, dass diese selbst damit beginnen, über die verhärteten Parteigrenzen hinweg die Probleme zu bewältigen, um die es geht, und dass sie dabei die Gelegenheit haben zu zeigen, wer sie sind und was sie können. Gegen Ressentiment, Gewalt und Wut, gegen Verbitterung und Verzweiflung gibt es kein besseres Gegenmittel als die Erfahrung eigener Wichtigkeit und Handlungskompetenz.

Der französische Politiker und Publizist Alexis de Tocqueville, einer der Großen des politischen Denkens, hat in seiner im Jahre 1856 erschienenen Analyse „Der alte Staat und die Revolution" gezeigt, wie die tief gespaltene französische Gesellschaft im 18. Jahrhundert die Fähigkeit zu politischem Handeln verlernt hatte. Nachdem sich die Klassen und Gruppen über einen langen Zeitraum weit voneinander entfernt und aus den Augen verloren hatten, fanden sie sich in den Jahren nach 1789 zwar wieder, aber nur, „um sich wechselseitig zu zerreißen". In der Tat ist die Französische Revolution und ihre Vorgeschichte, wie Tocqueville sagt, ein „denkwürdiges Beispiel" (Tocqueville 1978: 113).

Das Motto *e pluribus unum*, das die Amerikaner seit den Tagen ihrer Staatsgründung zu ihrem Wahlspruch erhoben haben, enthält dazu das Gegenprogramm. In ihm geht es um eine Form der politischen Einheit und des politischen Handelns, in der die Vielen nicht einander feindlich oder gleichgültig gegenübertreten oder gar übereinander herfallen. Es geht vielmehr um eine Gemeinsamkeit, die auf Mannigfaltigkeit beruht, um

Helmut König

eine Handlungsfähigkeit der Politik, die nicht die Entmachtung der Einzelnen betreibt, sondern ihre Beteiligung und Wertschätzung befördert. Das ist das einzige Gegenmittel, das es gibt, um der Praxis von Lüge und Täuschung in der Politik dauerhaft entgegenzutreten. Dieses Programm ist nach wie vor aktuell. Und Wege zu seiner Umsetzung zu finden und zu beschreiben, ist die Aufgabe, vor der die neue Regierung Biden in den USA heute steht.

Literaturverzeichnis

Gorman, Amanda (2021): *The Hill We Climb. Zweisprachige Ausgabe*. Hoffmann & Campe: Hamburg.

Hochschild, Arlie Russel (2017): *Fremd in ihrem Land. Eine Reise ins Herz der amerikanischen Rechten*. Campus Verlag: Frankfurt am Main/ New York.

König, Helmut (2020): *Lüge und Täuschung in den Zeiten von Putin, Trump & Co.* transcript: Bielefeld.

Tocqueville, Alexis de (1978): *Der alte Staat und die Revolution*. Deutscher Taschenbuch Verlag: München.

Fake News zwischen Freiheitsrechten und Verantwortung

Hendrik Kempt und Saskia K. Nagel

Abstract

In diesem Beitrag wird die Frage diskutiert, welche Akteure unter welchen Bedingungen für die gesellschaftlichen Konsequenzen der Kreation und Verbreitung von Fake News verantwortlich gemacht werden können, und inwiefern einige dieser Konsequenzen mit Freiheitsrechten interagieren können. Hierzu wird zunächst der Begriff der Verantwortung vorgestellt und in seinen zwei Hauptkriterien unterschieden: der des Wissens um und der der Kontrolle über Handlungen und deren Konsequenzen. Anschließend werden die möglichen Akteure der Verantwortung für Fake News diskutiert – die Produzenten, Plattformen, und Konsumenten von Fake News.
Die Analyse der Verantwortungsbeziehungen stellt heraus, dass alle Beteiligten Verantwortung tragen. Produzenten verstoßen gegen das Wahrhaftigkeitsgebot, Konsumenten gegen epistemische Tugenden. Plattformen hingegen lassen vor allem die gesamtgesellschaftlichen Schäden durch Unterlassungshandlungen zu, obwohl sie um die Risiken von Fake News wissen, und deren Ausmaß unterbinden könnten. Wenn es um regulatorische Vorschläge geht, sind somit insbesondere die Plattformen zur Rechenschaft zu ziehen, da dort in der Bekämpfung von Fake News individuelle Freiheitsrechte am geringsten betroffen sind.

1. Einleitung

Es ist keine kontroverse Behauptung festzustellen, dass Fake News erheblichen gesellschaftlichen Schaden verursachen. Eine wohlinformierte Öffentlichkeit ist dabei nicht nur ein idealistisches Vorbild einer aufgeklärten Gesellschaft, sondern auch eine praktische Bedingung für den Erfolg vieler kooperativer Prozesse. Eine geteilte Grundlage von Überzeugungen wird in der Philosophie als „*Common Ground*" bezeichnet (Stalnaker 2002) und ist die Basis für die Beschreibung gesellschaftlicher Prozesse und für gegenseitiges Vertrauen. Fake News untergraben diese Grundlage, indem sie disparate, inkommensurable oder unüberbrückbare Weltvorstellungen präsentieren. Durch diese unüberbrückbaren Ansichten können jedoch kleine politische Dispute zu großen ideologischen Problemen führen, die gesellschaftliche Kooperationsprozesse, wie etwa in öffentlichen Institutionen, erschweren oder gar verunmöglichen.

Wo durch Handlungen Schäden entstehen, stellt sich sogleich die Frage, wer für diese Schäden verantwortlich ist. Eine zentrale philosophische Herausforderung ist es somit, die Regeln der Verantwortungszuschreibung herauszuarbeiten, die die Verbindung von Akteuren und den negativen

Konsequenzen der Fake News feststellt, selbst wenn diese negativen Konsequenzen oft langfristig und multikausal sind. Die Feststellung der Verantwortung ist hier einerseits für die Ableitung von moralischen Anforderungen nötig, wie diese negativen Konsequenzen kompensiert werden können, und andererseits für die Etablierung von Regeln im Umgang mit Fake News, die die zukünftigen Schäden verringern können.

Um diese Fragen zu untersuchen, erläutern wir zunächst die begrifflichen Bedingungen und praktischen Normen der Verantwortungszuschreibung, um ein Verständnis für den Begriff und die üblichen Praktiken zu erhalten. Welche Arten von Verantwortung werden unterschieden? Kann man sich Verantwortung entziehen? Wie hängen Freiheitsrechte und Verantwortung zusammen? Danach setzen wir uns mit dem Argument auseinander, dass aufgrund der zu schützenden Freiheitsrechte aller Beteiligten im Kontext von Fake News deren negative Wirkungen eher als Kollateralschäden zu verstehen sind, die eine offene Gesellschaft bereit sein muss zu tragen. Zuletzt wenden wir uns den Möglichkeiten der Zuschreibung von Verantwortung für Fake News zu und stellen fest, dass hier Verantwortungszuschreibungen stattfinden können, die moralische Regeln rechtfertigen, die Fake News in ihrer schädlichen Konsequenz erheblich einschränken könnten. Dazu identifizieren wir die Plattformen, auf denen Fake News gestreut werden, als besonders in der Verantwortung stehend, weil diese mit vergleichsweise geringen Kosten die schädlichen Konsequenzen verringern könnten, ohne dabei grundsätzlich die Freiheitsrechte derjenigen zu verletzen, die diese Plattformen nutzen.

2. Was ist Verantwortung?

Was bedeutet es überhaupt, Verantwortung zu tragen und zugeschrieben zu bekommen? Viele der Regeln, mit denen wir feststellen, ob jemand für die Konsequenzen einer Handlung verantwortlich ist oder gemacht werden kann, sind eng mit anderen normativen Auffassungen verknüpft, etwa mit Gerechtigkeitskonzepten und Überlegungen zur Handlungsurheberschaft: Jemand, der eine Vase willfährig zerbricht, ist für den Bruch der Vase verantwortlich und kann von anderen gerechtfertigt zur Verantwortung gezogen werden. Eine Person, die die Geschwindigkeitsbegrenzungen missachtet, ist verantwortlich, sollte es zu einem Verkehrsunfall kommen. Zudem unterscheiden wir graduelle Verantwortungen (Shoemaker 2007), oder auch institutionalisierte Verantwortung, in der eine Person für das Fehlverhalten einer anderen Verantwortung tragen kann (etwa im militärischen oder unternehmerischen Kontext). Damit besteht die Herausforderung, einen Verantwortungsbegriff zu etablieren, der mit diesen normativen Auffassungen harmoniert.

In der Philosophie finden sich verschiedene Antworten auf diese Herausforderungen (für eine Übersicht siehe Heidbrink 2017). Um eine klare argumentative Basis für einen angewandten Verantwortungsbegriff für das interdisziplinär zu erfassende Phänomen der Fake News zu erhalten, schlagen wir eine analytische Annäherung an den Verantwortungsbegriff vor, d.h., wir arbeiten die Bedingungen heraus, unter denen wir Verantwortung zuschreiben können – wie sie etwa bereits im Dritten Buch von Aristoteles' Nikomachischer Ethik zu finden sind (Aristoteles 1971). In der Anwendung dieser Analyse ergeben sich gegebenfalls zusätzlich moralische oder rechtliche Regeln, etwa bezüglich der Verantwortung im militärischen Kontext. Diese modifizieren jedoch lediglich den Verantwortungsbegriff.

In der Regel werden zwei begriffliche Konditionen angeführt, damit von moralischer Verantwortung für eine Handlung bzw. den Konsequenzen einer Handlung gesprochen werden kann: Einerseits ist das die Bedingung des Wissens um die Konsequenzen einer Handlung und andererseits die der Kontrolle einer Handlungsausführung.

Das Wissen, bzw. das gerechtfertigte Für-Sicher-Halten, ist eine Bedingung für moralische Verantwortung, da ohne ein solches Wissen ein Akteur keine Möglichkeit hat, die Konsequenzen der eigenen Handlung abzusehen. Hier stellt sich die Frage nach der Minimalanforderung an Akteure, ihr Wissen um die Konsequenzen einer Handlung zu erhöhen. Kein Akteur hat perfektes Wissen, und eine Regel, die erwartet, dass wir unser Wissen verbessern oder gar perfektionieren sollen, kann dazu führen, dass wir gar nichts mehr tun. Damit ergeben sich pragmatische „*cut off points*", an denen moralische Gemeinschaften die Zuschreibung abschwächen, auch beim Medienkonsum und der Möglichkeit, Fake News von richtigen Nachrichten zu unterscheiden.

Die andere Bedingung ist die der Kontrolle. Ohne die Möglichkeit, die Konsequenzen der eigenen oder der Handlungen anderer zu beeinflussen, ist die Zuschreibung von Verantwortung sinnlos. Wenn ein Akteur nicht schwimmen kann, kann dieser auch nicht dafür verantwortlich gemacht werden, dass er einem Ertrinkenden nicht hilft, da der Akteur beim Hilfsversuch ebenso in Not geriete. Ferner ist unter Kontrolle auch die Wirksamkeit einer Handlung enthalten: wenn ein Ertrinkender mehrere Kilometer im Ozean schwimmt, kann auch vom besten Schwimmer nicht erwartet werden, dass dieser ihn retten muss. Umgekehrt ist die Möglichkeit, jemandem vor dem Ertrinken zu retten, etwa weil man schwimmen kann und sich in der Nähe aufhält, ein Merkmal für eine gerechtfertigte Verantwortungszuschreibung.

Beide Bedingungen beinhalten das Prinzip des „Sollen impliziert Können". Dieses besagt, dass ein moralischer Anspruch die Fähigkeiten eines Akteurs nicht überschreiten kann, da dieser sonst ohne eigenes Verschulden unmoralisch wäre. Es kann von niemandem erwartet werden, etwas zu tun, dass er nicht erfüllen könnte. Die Wissensbedingung besteht somit in der Limitierung der Propositionen, die ein Akteur wissen kann (bzw. zu wissen annehmen darf), und der Kontrollbedingung in der Limitierung der Konsequenzen, die ein Akteur erreichen kann.

Diese Bedingungen sind zunächst negativer Art, da sie lediglich festlegen, wann einem Akteur nicht sinnvollerweise Verantwortung zugeschrieben werden kann. Zugleich gibt es aber eine Vielzahl moralischer Prinzipien, z.T. mit kulturellen Färbungen, zur positiven Verantwortungszuschreibung. Diese hängen häufig mit dem Gerechtigkeitsbegriff zusammen, aber auch mit einem Verständnis der Autonomie des Subjekts. So ist etwa die Regel, dass ein Verursacher eines Schadens für diesen aufkommen soll, ein Gerechtigkeitsprinzip – das sog. „Verursacherprinzip" –, welches eine spezifische Verantwortungsperspektive mitbringt. Im Deutschen findet sich diese Perspektive in der Unterscheidung von Verantwortung und Verantwortlichkeit. Verantwortlichkeit bestimmt die Zuschreibung von Verantwortung für vergangene Handlungen und deren (ggf. bis heute andauernde) Schäden („rückwärtsgewandt"). Verantwortung selbst ist in der Regel auf noch auszuführende Handlungen gerichtet („vorwärtsgerichtet"), indem die Erwartungen an einen Akteur ausformuliert werden.

Wenn ein Akteur in einem Geschäft aus Unachtsamkeit eine Vase umstößt, ist dieser für den Schaden verantwortlich. Zugleich übernehmen Akteure Verantwortung, achtsam zu sein, wenn sie ein Porzellangeschäft betreten, um das Umstoßen von Vasen zu verhindern. Es ist ein gesellschaftlicher Aushandlungsprozess, zu welchem Grad von Akteuren erwartet werden darf und muss, Verantwortung zu übernehmen. Dieser Prozess kann durch freiwillige Verantwortungsübernahme und die Einnahme gewisser gesellschaftlicher, beruflicher oder anderer Rollen beeinflusst werden, nach welchen die Rolle eines Berufs oder einer anderen gesellschaftlichen Position besondere Verantwortungen mit sich bringt – etwa im Journalismus oder in der Politik („Rollen-Verantwortung").

Die Übernahme von Verantwortung ist oftmals lediglich die Anerkennung der Übernahme der Kosten der möglichen negativen Konsequenzen einer Handlung, bzw. dem Unterlassen dieser Handlung bei Ablehnung der Übernahme dieser Kompensationskosten. So ist etwa das Eingehen von Risiken verantwortungsrelevant, da die Person, die das Risiko eingeht, als moralisch Verantwortlicher für den eintretenden Schaden und dessen Kompensation eintritt, selbst wenn diese Schäden nicht eintreten und somit eine Kompensation nicht nötig wird. Oft werden Akteure weiterhin zur Verantwortung gezogen, wenn keine Schäden einer besonders risikoreichen Handlung aufgetreten sind. Wenn ein Demagoge einen Mob zum Stürmen eines Regierungssitzes eines Staates auffordert, der Mob dies aber unterlässt, ist der Demagoge weiterhin für die Anstiftung zum Regierungssturz verantwortlich zu machen.

3. Freiheitsrechte und Fake News

Eine ethische Herausforderung in der Einordnung der schädlichen Konsequenzen von Fake News besteht darin festzulegen, ob hier präzise Verantwortungszuschreibungen möglich sind, die die Verantwortlichen konkret benennen. Um die Herausforderung so klar wie möglich zu machen, konzentrieren wir uns zunächst auf die Freiheitsrechte der drei zentralen involvierten Parteien in Bezug auf Fake News, denen in diesem Zusammenhang überhaupt Verantwortung zugeschrieben werden kann:

a) Die Produzenten von Fake News,
b) die Plattformen, auf denen diese geteilt werden, und
c) die Rezipienten, die diese Fake News konsumieren und weiterverbreiten.

Die Presse-, Meinungs- und Redefreiheit sind Grundrechte mit weitreichender Wirkung. So ist die Redefreiheit vom Staat so weit wie möglich zu garantieren, außer, wenn es sich um Beleidigungen oder Anstiftungen zur Gewalt handelt, da dort die Grundrechte anderer in Gefahr geraten, etwa auf die Wahrung der physischen oder psychischen Unversehrtheit und Würde.

Der Schutz der Presse- und Redefreiheit ist damit eine logische Bedingung einer freien Gesellschaft, womit sich auch die von diesen Rechten geschützten Fake News als eine Konsequenz einer solchen freien, moralisch verantwortbaren Gesellschaft verstehen lassen: Erst, wenn Akteure frei sind, Fehler zu machen, kann ihnen moralische Verantwortung zugesprochen werden.

a) Die Produzenten von Fake News, d.h. die Erfinder und Verbreiter von Falschmeldungen, aber auch ihr Beschuldigen von seriösen Nachrichtenproduzenten als Fake News, sind damit zwar schädlich, aber nicht konkret regulierbar, da sie unter die Pressefreiheit und Redefreiheit fallen (mit Ausnahme von solchen Fällen, in denen andere Freiheitsrechte eingeschränkt würden).

b) Die Plattformen, auf denen Fake News ihre Reichweite und Wirkung überhaupt erst entfalten, können sich auf eine ähnliche Argumentation berufen, wie die, die das Erfinden von Falschmeldungen rechtfertigt: Als Plattformen ohne Produktion eigener Inhalte verstehen sich viele Sozialen Netzwerke als Ort der freien Meinungsäußerung sowie als Vermittler journalistischer Inhalte. Zu entscheiden, ob diese journalistischen Inhalte akkurat sind oder Fake News, und ob Fake News – als unter die Freiheitsrechte der Presse und Rede fallend – überhaupt von den Plattformen reguliert werden sollten, wird von diesen oft abgelehnt, etwa mit Hinweis auf die Rolle von Politiker*innen im öffentlich-demokratischen Diskurs, selbst bei Falschbehauptungen. Das Problem ist hierbei, dass einerseits diese Plattformen als Orte des öffentlichen Austausches zu verstehen sind, auf denen die Redefreiheit nur dann eingeschränkt werden kann, wenn durch demokratische Einflussnahme die Verletzung der Grundrechte anderer festgestellt wird, und die andererseits als private Unternehmen eigene Regeln erstellt haben und „Hausrecht" ausüben können.

c) Zuletzt sind Konsumenten von Fake News frei, zu glauben, was sie wollen (sofern Akteure überhaupt frei sind, ihre eigenen Überzeugungen zu beeinflussen). Unter die Meinungs- und Redefreiheit fällt hier auch eine Art moralisches Freiheitsrecht auf Irrtum, wenngleich auch die (schwächere) Pflicht der Wahrhaftigkeit gilt.

4. Freiheit als Bedingung von Verantwortung

Freiheit und Verantwortung bedingen einander normativ. Ohne die Freiheit eines Akteurs, gewisse Handlungen auszuführen, können wir diesen auch nicht für die Konsequenzen dieser Handlung verantwortlich machen (siehe die Kontrollbedingung). Neben der Debatte um die Willensfreiheit als individuelle Bedingung für Verantwortlichkeit ist gerade das Zugeständnis gewisser Freiheitsrechte eine Bedingung für die Verantwortung des Individuums, diese Freiheiten moralisch verantwortlich zu nutzen.

Übertragen auf die Fake News zeigt sich eine normative Verknüpfung der Erfindung und Verbreitung von Fake News und einer Zuschreibung moralischer Verantwortung. Das Herausarbeiten klarer Regeln für diese Verantwortungszuschreibungen für Fake News kann somit helfen, moralische Regeln aufzustellen, anhand derer sich gerechtfertigte Wiedergutmachungs- und Verringerungsanforderungen stellen können.

5. Verantwortung in Fake News

Die drei beteiligten Akteursgruppen – Produzenten, Plattformen, Konsumenten – der Fake News könnten alle durch mehr oder weniger großen Aufwand, zum Teil durch technische Lösungen, zum Teil durch kognitive Eigenleistung, die Verbreitung dieser Fake News unterbinden und damit deren schädliche Konsequenzen verhindern. Damit können alle drei für den entstehenden Schaden in unterschiedlichem Maße wenigstens mitverantwortlich gemacht werden. Wie diese Verantwortungszuschreibungen im Einzelnen zu rekonstruieren sind und ob diese sich in ihrer Qualität unterscheiden, wird im Folgenden herausgearbeitet. Gerade in der Produktion und der Verbreitung ist jedoch fraglich, ob sich innerhalb der Organisationen und Plattformen klare individuelle Verantwortung zuschreiben lässt, oder ob in manchen Kontexten auch von kollektiver Verantwortung gesprochen werden muss, die sich nicht restlos auf die beteiligten individuellen Akteure verteilen lässt.

5.1 Produzenten

Die „Produktion" von Fake News ist nicht ohne weiteres über die Kategorien der „Produzierenden" auszumachen. Meist entfaltet der schädliche Effekt von Fake News erst dann seine Wirkung, wenn sie von einflussreichen Accounts in sozialen Medien weiterverbreitet werden, statt von diesen selbst „erfunden" worden zu sein. Die Verweisbarkeit auf eine vermeintliche Quelle, durch das bloße „*Sharen*" und „*Retweeten*", d.h. eine nicht selbst formulierte Wiederholung der Fake News, sondern einer Weitergabe dessen, was man gesehen hat, scheint zunächst einen verantwortungstheoretischen Unterschied zu machen: „Das habe ich ja nicht selbst gesagt", „*Retweets ≠ Endorsements*" und andere Hinweise scheinen diejenigen, die Fake News teilen, aus der Verantwortung zu entlassen. Hier ist jedoch eine klare Redehandlung festzustellen – die Wiederholung der als Wahrheit behaupteten Fake News: Durch das Teilen einer nicht weiter verifizierten Nachricht übernimmt der Teilende Mitverantwortung für den Inhalt dieser Nachricht. Worin genau der Sprechakt des „*Retweetens*" oder „Teilens" besteht, wird noch diskutiert, siehe Marsili (2019) und Arielli (2018) – dass Verantwortungszuschreibungen angemessen sind, ist hingegen unbestritten.

Die Annäherung an Fake News als eine unwahre Tatsachenbehauptung mit dem Ziel der Beeinflussung des öffentlichen Diskurses zu politischen oder ökonomischen Zwecken, d.h. meist mit dem Anspruch und der

Erwartung geäußert, von anderen als wahr geglaubt zu werden (eine Übersicht über verschiedene Definitionen von Fake News findet sich bei Tandoc 2017), hilft hier, diese Äußerungen von anderen Falschnachrichten zu unterscheiden: Eine Zeitungsente etwa ist keine Fake News wie im normativ relevanten Sinne, da eine Falschmeldung aus verschiedenen Gründen zustande kommen kann. Fake News haben häufig einen vom Produzenten/Teilenden erwünschten politischen Gehalt und damit etwas Kampagnenartiges: Fake News werden oft verbreitet, um in mittelbarer oder unmittelbarer Weise den eigenen politischen Präferenzen zu dienen (Tsang 2020).

Diejenigen, die Fake News erfinden, oder teilen, ohne die Glaubwürdigkeit dieser zu hinterfragen, tragen somit die Hauptverantwortung für den Schaden, den Fake News anrichten: Sie stellen die Verfolgung politisch-parteilicher Vorhaben über den gesellschaftlichen Diskurs und die Fähigkeit, politische Diskurse über eine gemeinsame Faktenbasis zu organisieren.

Zugleich sind diese Hauptverantwortlichen nur deswegen erfolgreich, da sie trotz wiederholten, wenn nicht gar ständigen, Nachweises der Lüge ihre Hörerschaft behalten, die wiederum Verantwortung für die Weiterverbreitung übernimmt. Die Akzeptanz, das Unwissen, oder gar der Wille eines Teils der Bevölkerung, belogen zu werden, um die eigenen Weltvorstellungen bestätigt zu sehen, selbst wenn der Zustand der Welt anderes verlangt, spricht die Produzenten von Fake News keineswegs von Verantwortung frei. Es unterstreicht jedoch, dass der Verweis von Social Media Plattformen auf die Freiheitsrechte der beteiligten Akteure und deren Eigenverantwortung nicht ausreichen kann, um den gesellschaftlichen Schaden von Fake News zu verringern.

5.2 Plattformen

Ohne Weiterverbreitungsmöglichkeiten der Sozialen Netzwerke wäre das Phänomen der Fake News nicht besonders wirkkräftig. Erst die hohe Reichweite von Informationen (ob korrekt oder inkorrekt) durch relativ geringen Produktionsaufwand, und zum Teil durch Algorithmen verstärkt, entfaltet die negativen Konsequenzen von Fake News vollständig.

Andererseits sind auch traditionelle Medienunternehmen mitverantwortlich, wenn sie Produzenten von Fake News ungehindert eine Plattform bieten, um ihren erwiesenermaßen falschen Behauptungen ein Publikum zu bieten.

Die Fähigkeit, weitgehend unbehelligt von den Plattformbetreibern oder Medienunternehmen Fake News zu produzieren oder teilen zu können, während das Wissen um die Schädlichkeit von Fake News und technische Möglichkeiten der Unterbindung gegeben sind, lässt eine klare Zuschreibung von Verantwortung für die Schäden von Fake News zu.

Zudem werden soziale Medien von vielen Nutzer*innen oft auch als Informationsquelle genutzt, und die meisten Plattformen kultivieren diesen Prozess. Durch das Zulassen von Fake News und den niedrigen Schwellen für das Teilen solcher Nachrichten erschweren sie es den Nutzer*innen, ihren Medienkonsum ausgeglichen zu halten, und erhöhen so die intellektuellen Anforderungen an die Medienkonsumenten.

Zur Verteidigung dieser höheren Anforderungen und geringerer Eigenverantwortung wird von diesen Plattformen häufig als Argument angeführt, dass sie selbst keine Inhalte produzieren. Allerdings ist verantwortungstheoretisch kaum ein Unterschied zwischen jemandem, der Inhalte produziert, und dem Algorithmus auszumachen, der den produzierten Inhalt aufgrund der „*Engagement parameters*" weiterverbreitet und so überhaupt erst einem größeren Publikum zur Verfügung stellt. Hier treten die Plattformen wie diejenigen auf, die Fake News unkritisch weiterverbreiten: In vielen, oft besonders schädlichen Fällen werden Fake News erst durch die Weiterverbreitung durch den Algorithmus besonders erfolgreich (für eine erste Analyse dieser Dynamik siehe Ledwich/Zaitsev 2019). Die aus verantwortungstheoretischer Perspektive gut abgesicherte, sich als politische Mehrheitsposition ergebende Auffassung ist daher, diesen Plattformen ihre moralische Verantwortung auch rechtlich zuzusprechen. Entsprechende Gesetzesvorhaben werden auf verschiedenen Ebenen diskutiert (auf EU-Ebene siehe etwa Klosidis 2021).

5.3 Konsumenten

Wie bei den Produzenten von Fake News bereits gesehen ist deren Einfluss auf den politischen Diskurs auch darauf zurückzuführen, dass viele Menschen nicht in der Lage sind, Fake News zu erkennen oder willens sind, Fake News unkritisch zu glauben, oder sich gar darauf zu berufen, besonders kritisch zu sein, indem sie „alternative Informationsquellen" nutzen. Ohne die Nachrichtenkonsumenten, die Fake News glauben, wäre deren schädliche Wirkung begrenzt. Damit kommt auch Konsumenten eine begriffliche Mitverantwortung für diese Schäden zu. Wie diese Mitverantwortung zu begründen und wie mit ihr umzugehen ist, ist jedoch nicht eindeutig: Einerseits besteht Meinungsfreiheit und damit das Recht, zu glauben, was man will. Lediglich die prudentielle Regel legt nahe, dass es im Umgang mit Anderen hilfreich ist, wahre Propositionen zu glauben statt falsche. Andererseits ist die Annahme, dass sich Überzeugungen „automatisch" in Akteuren ausbilden, sofern Evidenz für eine Überzeugung vorliegt, ein Grund für den „Freispruch" von Akteuren, die an den Inhalt von Fake News glauben. Einige Autor*innen argumentieren daher, dass es bei dem Umgang mit den Konsumenten von Fake News darauf ankomme, deren Fähigkeiten, Fake News als solche zu identifizieren (Lewandowsky 2012; Heersmink 2018 und Higdon 2020), zu verstärken. Dieser erzieherische Ansatz nimmt an, dass Konsumenten von Fake News diesen „zum Opfer fallen", z.B. durch einen Mangel an Fähigkeiten oder Wissen. Diese Autoren müssen somit unterstellen, dass Konsumenten von Fake News Zugeständnisse in der Zuschreibung von Verantwortung gemacht werden müssen, da diese nicht in der Lage seien, Fake News von gesicherten Nachrichten zu unterscheiden. Eine solche Unterstellung bedarf einer weiteren Rechtfertigung.

a.) Strategisches Nicht- oder Falschwissen?

Für die meisten Regeln der Verantwortungszuschreibung gilt, dass jemand um die Konsequenzen seiner Handlung wissen muss, um für diese Konsequenzen verantwortlich gemacht werden zu können. Daraus ließe sich zunächst folgern, dass ein intentional ignoranter Akteur, d.h. jemand, der gar nicht um die schädlichen Konsequenzen seiner Handlungen wissen will und somit nichts dafür tut, dieses Wissen zu erlangen, auch nicht für diese Konsequenzen verantwortlich gemacht werden kann. Damit wäre der Glaube an Fake News, und die damit verbundenen gesellschaftlichen Schäden, nicht ohne Weiteres den Konsumenten vorzuwerfen.

Hier lässt sich die Regel formulieren, dass Akteure Verantwortung für ihr Nichtwissen tragen, wenn gesellschaftlich und intellektuell erwartet werden kann, dass sie das relevante Wissen besitzen könnten. Die Wissensbedingung ergibt sich aus der Möglichkeit der Aneignung von Wissen mit vernünftigerweise erwartbaren Mitteln, nicht aus dem faktisch vorhandenen Wissen. Dieses Prinzip kommt deutlicher in der rechtlichen Verantwortung zum Tragen, wo es als *„ignorantia juris non excusat"* schon formuliert wurde: Die Unwissenheit um ein Gesetz schützt nicht vor Strafe bei Verstoß gegen das Gesetz, außer dem Akteur fehlte das Unrechtsbewusstsein „unvermeidbar" (§ 17, StGB).

Regina Rini (2017) erläutert in diesem Zusammenhang, dass es eine Tugend der epistemischen Parteilichkeit geben könne, d.h. dass eine Parteilichkeit gegenüber dem Nachrichtenkonsum im Social-Media-Kontext epistemische Vorteile mit sich bringe. Das Vertrauen in diejenigen Nachrichtenquellen, die den gleichen normativen (oder politischen) Bias haben wie der Konsument, kann als Grund für den Konsumenten dienen, diesen Quellen mehr zu vertrauen und so, trotz relativer Einseitigkeit, besser informiert zu sein, ohne zugleich den potentiell extremistischen Auswüchsen der Fake News ausgesetzt zu sein.

Dementgegen hält Alex Worsnip (2019), dass es eine Verpflichtung zur Diversifizierung der eigenen Quellen gebe, um einen ausgeglichenen und verlässlicheren Medienkonsum zu garantieren. Aus dieser Pflicht lässt sich somit wiederum die Verantwortung für die eigenen Fehlinformationen ableiten, wenn diese Diversifizierung missachtet wird. Nur den vertrauten Quellen zu vertrauen, kann somit zu einer Verantwortung für die eigenen Fehlinformationen führen.

Neben den zahlreichen prudentiellen Gründen, wahre Überzeugungen auszubilden, gilt somit auch eine epistemische Pflicht zur Wahrheitsfindung und eine moralische Pflicht zur Wahrheit, um als moralischer Akteur handeln zu können. Die Konsequenz aus Rinis Vorschlag, dass die Tugend der epistemischen Parteilichkeit auch diejenigen für sich reklamieren können, die sich bewusst in realitätsferne Informationsblasen begeben, die ihre eigenen Vorurteile bestätigen, legt jedoch nahe, dass die Pflicht zur Diversifizierung und die Pflicht zur Wahrheitsfindung einfacher miteinander in Einklang zu bringen sind.

b.) Epistemische Tugenden im Nachrichtenkonsum

Die Auffassung, dass wir Überzeugungen aufgrund einer „Sensibilität für Gründe" ausbilden, ist in der (analytischen) Philosophie weit verbreitet (etwa Parfit 2009). Durch diese Sensibilität können Akteure die Herausbildung von Überzeugungen nicht steuern, wenn ihnen überzeugende Evidenzen präsentiert werden. Dadurch werden die auf Evidenzen ausgebildeten Überzeugungen moralisch neutral – schließlich sind sie evident belegt und ungesteuert ausgeformt worden.

Dieses Prinzip lässt sich auf Konsumenten von Fake News übertragen, die für die Bildung von Überzeugungen freigesprochen werden sollten (womit das Wissenskriterium des vorherigen Punktes ebenso erfüllt wird), wenn diese Gründe anführen können, warum sie eine Proposition über die Welt glauben.

Diese Debatte wird in der Philosophie unter dem Titel „*Ethics of Belief*" (Clifford 1877) geführt. In dieser wird u.a. diskutiert, inwiefern Akteure für das, was sie über die Welt glauben, verantwortlich sind. Für die Diskussion um Fake News ergibt sich hier die Frage, wie die Wahl und Praxis des Medienkonsums mit den Überzeugungen verknüpft werden können, die aus dem Konsum von Fake News entstehen. Eine neuere Dimension dieser Debatte behandelt den „moralischen Eingriff" (*moral encroachment* von Fritz 2017) von Überzeugungen, und lässt sich auf den Fake News-Kontext übertragen: Dieser Perspektive zufolge ist es bereits moralisch relevant, gewisse Überzeugungen zu glauben, da diese moralisch problematisch sind. Diese „risikoreicheren" Überzeugungen auszubilden erfordert, laut Vertreter*innen dieser Position (wie etwa Basu 2019, Basu/Schroeder 2020), höhere Anforderungen an die Gründe zu stellen, die als Evidenz für die Ausbildung einer Überzeugung auf Basis dieser Proposition dienen. Das bedeutet nicht, dass diese Überzeugungen verboten sind, sondern lediglich, dass moralische Bedenken eine höhere Beweislast an diese herantragen.

Fake News lassen sich auf individueller Ebene neu verantwortungstheoretisch verstehen: Viele Fake News bestehen aufgrund ihrer politisch-strategischen Manipulationsintention aus solchen moralisch relevanten, risikoreichen Propositionen. Es ist nicht unmoralisch, diese zu glauben, sofern hinreichend Gründe dafür gefunden werden, sie zu glauben – doch lässt sich anhand des *„moral encroachment"* Akteuren, die allzu willfährig Fake News glauben, die Verletzung der moralischen Verantwortung vorwerfen, die höheren Anforderungen an den Glauben an diese Propositionen zu ignorieren. Damit lässt sich, trotz der individuellen Herausforderungen, die Welt der Fake News zu navigieren, die Verantwortung auch den Konsumenten zuschreiben: Die Sorgfalt der Quellenwahl, des Vertrauenszuspruchs und der Akzeptanz moralisch hochgradig verwerflicher Behauptungen liegt allein in der Autonomie des Individuums.

6. Zusammenfassung

Die Diskussion um die Verantwortung für die Verbreitung von Fake News zeigt, dass trotz der zu Beginn diskutierten Freiheitsrechte alle drei Akteursgruppen verantwortlich für die schädliche Verbreitung von Fake News sind. Damit ist es moralisch geboten, an allen drei Stellen auf die Verfehlungen der Akteure hinzuweisen. Eine Abwägung, ob und, wenn ja, wo dieser Entwicklung durch eine wirksame rechtliche Verantwortung Abhilfe geleistet werden kann, ist nötig. Die Regulierung dessen, was ein Akteur sagen darf, sowie dessen, was ein Akteur glauben darf, sind harte Eingriffe in die Gedanken- und Redefreiheit. Zudem ist gerade auf

Seiten der Konsumenten ersichtlich, dass das Navigieren vertrauenswürdiger Quellen im Internet nicht immer gut umsetzbar ist und somit die Verantwortung für Fehlinformation verringert, wenngleich nicht vollständig tilgt.

Damit bleiben in erster Linie die Plattformen, die sich in ihrer Rolle als quasi-öffentliche Plätze des Meinungsaustausches zwar auf die Redefreiheit aller ihrer Partizipanten berufen, jedoch als einzige unter anderem technische Lösungen kreieren können, die die Weiterverbreitung von Fake News eindämmen. Die Rechtfertigung, dass eine zu stark eingreifende Plattform lediglich das Abwandern in weniger regulierte soziale Medien provoziert, überzeugt hier nicht, da nicht die Plattform allein für die Fake News verantwortlich ist, sondern weiterhin auch die Produzierenden und die Konsumenten. Allerdings hat eine große Plattform besonderen Einfluss auf das Allgemeinwohl, da durch vergleichsweise geringe Kosten (der Vergleichsgegenstand sind hierbei die Regulierungen von Produzenten und Konsumenten) der Einfluss von Fake News limitiert werden kann.

Literaturverzeichnis

Arielli, Emanuele (2018): *Sharing as Speech Act*. In: Versus 127/2, 243–258.

Aristoteles (1971): *Die Nikomachische Ethik. Übersetzt von Olof Gigon*. DTV: München.

Basu, Rima (2019): *"Radical moral encroachment: The moral stakes of racist beliefs"*. In: Philosophical Issues 29/1, 9–23. doi.org/10.1111/phis.12137.

Basu, Rima / Schroeder, Mark (2020): *Doxastic Wrongdoing*. In: B. Kim / M. McGrath (Hg.): *Pragmatic Encroachment in Epistemology*. Routledge: London, 185–209.

Clifford, William K., 1877 [1999]: *"The ethics of belief"*. In: T. Madigan (Hg.): The ethics of belief and other essays. Prometheus: Amherst, MA, 70–96.

Fritz, James (2017): *Pragmatic Encroachment and Moral Encroachment*. In: Pacific Philosophical Quarterly 98, 643–661. doi.org/10.1111/papq.12203.

Heidbrink, Ludwig u.a. (Hg.) (2017): *Handbuch Verantwortung*. Springer: Wiesbaden.

Heersmink, Richard (2018): *A Virtue Epistemology of the Internet: Search Engines, Intellectual Virtues and Education*. In: Social Epistemology 32/1, 1–12.

Higdon, Nolan (2020): *The Anatomy of Fake News*. University of California Press: Oakland.

Klosidis, Kyriakos (2021): *Press-Release: Regulate Social Media Platforms to Defend Democracy, MEPs say*. In: https://www.europarl.europa.eu/news/ga/press-room/2 0210204IPR97120/regulate-social-media-platforms-to-defend-democracy-meps-say (Eingesehen am 12.02.2021).

Ledwich, Mark / Zaitsev, Anna (2019): *Algorithmic Extremism: Examining YouTube's Rabbit Hole of Radicalization*. In: https://arxiv.org/abs/1912.11211 (Eingesehen am 12.02.2021).

Lewandowsky, Stephen u.a. (2012): *Misinformation and Its Correction: Continued Influence and Successful Debiasing*. In: Psychological Science in the Public Interest, 13/3, 106–131. doi.org/10.1177/1529100612451018

Marsili, Neri (2020): *Retweeting: Its Linguistic and Epistemic Value*. In: Synthese. doi.org/10.1007/s11229-020-02731-y

Parfit, Derek (2009): *On What Matters* (Vol. 1&2). Oxford University Press: Oxford.

Rini, Regina (2017): *Fake News and Partisan Epistemology*. In: Kennedy Institute of Ethics Journal 27, 43–64.

Shoemaker, David (2007): *Moral Address, Moral Responsibility, and the Boundaries of the Moral Community*. In: Ethics 118/1, 70–108.

Stalnaker, Robert (2002): *Common Ground*. In: Linguistics and Philosophy 25, 701–721.

Tandoc, Edson u.a. (2017): *Defining "Fake News": A typology of scholarly definitions*. In: Digital Journalism 6/3, 1–17. doi.org/10.1080/21670811.2017.1360143

Tsang, Stephanie Jean (2020): *Motivated Fake News Perception: The Impact of News Sources and Policy Support on Audiences' Assessment of News Fakeness*. In: Journalism and Mass Communication Quarterly. doi.org/10.1177/1077699020952129

Worsnip, Alex (2019): *The Obligation to Diversify One's Sources: Against Epistemic Partisanship in the Consumption of News Media*. In C. Fox / J. Saunders (Hg.): Media Ethics: Free Speech and the Requirements of Democracy. Routledge: London, 240–264.

Nichtwissen und Fake News schützen vor Verantwortung nicht. Medienethische Überlegungen zu epistemischen Verpflichtungen in der Wissensgesellschaft

Carmen Krämer

Abstract

Der Beitrag beschäftigt sich mit der Einordnung von Fake News in den Diskurs um schuldhaftes Nichtwissen. Hierzu wird die Bedeutsamkeit von Wissen innerhalb der Wissensgesellschaft skizziert und Aspekte schuldhaften Nichtwissens im Kontext medialer Berichterstattung werden analysiert. Anschließend wird anhand verschiedener Beispiele versucht, Fake News in die Überlegungen zum (schuldhaften) Nichtwissen einzuordnen und zu eruieren, welche Verpflichtungen für welche Akteur*innen damit einhergehen.

1. Einleitung

Ignorantia legis non excusat – dieser römische Rechtsspruch, der im Volksmund mit „Unwissenheit schützt vor Strafe nicht" übersetzt wird – ist nicht nur eine Volksweisheit, sondern findet auch Ausdruck in der deutschen Rechtsprechung. Paragraph 17 des Strafgesetzbuches (StGB) beschäftigt sich mit dem „Verbotsirrtum", nach dem eine Strafe zwar gemildert werden kann, wenn der bzw. die Täter*in irrtümlich geglaubt hat, seine bzw. ihre Handlung sei erlaubt. Er bzw. sie ist aber nicht frei von Schuld, sofern er bzw. sie diesen Irrtum hätte vermeiden können. Auch in der Philosophie existiert die Vorstellung von schuldhaftem Nichtwissen (engl. *„culpable ignorance"*). So behauptet beispielsweise der Philosoph Gideon Rosen:

> „When a person acts from ignorance, he is culpable for his action only if he is culpable for the ignorance from which he acts."
> (Rosen 2003, 61)

Als schuldhaft wird eine moralisch verwerfliche Handlung aufgrund von Nichtwissen also dann angesehen, wenn die Person sich auch eines Nichtwissens im Zusammenhang mit der Handlungsausübung schuldig gemacht hat.

Wie verhält sich dies jedoch, wenn sich ein*e Akteur*in einer moralisch verwerflichen Handlung oder Unterlassung aufgrund von Desinformationen wie Fake News schuldig macht? Sind Fake News ebenfalls als Nichtwissen einzustufen? Und ist eine aufgrund von Fake News entstandene moralisch verwerfliche Handlung oder Unterlassung ebenfalls bzw. gleichermaßen als schuldhaft anzusehen, wie eine solche, die aufgrund von Nichtwissen entsteht? Den Antworten auf diese Fragen versucht der vorliegende Beitrag näherzukommen, indem zunächst die Bedeutsamkeit der medialen Verfügbarkeit von Wissen innerhalb der Wissensgesellschaft sowie Aspekte schuldhaften Nichtwissens im Kontext medialer Berichterstattung betrachtet werden. Anschließend wird versucht, Fake News in die Überlegungen zum Nichtwissen einzuordnen und zu eruieren, ob und inwiefern sie zu moralisch problematischem Nichtwissen zu zählen sind. Abschließend wird kurz erläutert, welche Maßnahmen gegen ein durch Fake News hervorgerufenes handlungswirksames Nichtwissen ergriffen werden können und erläutert, welche Problematiken mit diesen einhergehen.

2. Über Nichtwissen und Medien in der Wissensgesellschaft

Eine Reflexion der möglichen Schuldhaftigkeit von Nichtwissen bzw. moralisch verwerflichen Handelns oder Unterlassens aufgrund von Fake News erfordert auch eine Betrachtung der Wissensquellen, die sowohl dem Nichtwissen als auch Fake News entgegenwirken können. Um schließlich überhaupt etwas besser wissen zu *können*, sind moralische Akteur*innen in vielen Fällen darauf angewiesen, dass die entsprechenden Informationen an irgendeiner Stelle für sie verfügbar sind. Das benötigte Wissen muss – mit vertretbarem Aufwand – für den bzw. die Akteur*in zugänglich sein, denn oftmals „wissen wir, was wir wissen, nur von anderen" (Baumann 2015: 283) und es kann von Individuen nicht erwartet werden, dass sie mehr wissen als das, was zugänglich ist (Vanderheiden 2015: 297). Als eine Wissensquelle können beispielsweise die Medien angesehen werden (Urner 2019: 11). Durch die mediale Verbreitung von Wissen (im weitesten Sinne) erhalten Individuen die Möglichkeit, sich etwa über aktuelle wissenschaftliche Erkenntnisse, gesellschaftlich-soziale Ereignisse oder politische Sachverhalte zu informieren und hierauf basierend ihre Handlungsentscheidungen zu treffen. Medien bzw. Medienakteur*innen bestimmen dabei zu einem beachtlichen Teil darüber mit, welche Informationen auf welche Weise verbreitet werden, was wiederum Einfluss auf moralisch relevante Entscheidungen und folglich auf das gesamtgesellschaftliche Leben haben kann. Sie nehmen in der Vermittlung von Wissen gerade in der heutigen, sogenannten „Wissensgesellschaft" (Götz-Votteler/Hespers 2019: 9f.), in der Wissen auch als wichtiges wirtschaftliches Gut verstanden wird, eine bedeutsame Rolle ein.

Dass Wissen zu einem bedeutsamen ökonomischen Faktor geworden ist und auch in der Politik als „zentrale Legitimationsressource geschätzt" (Bogner 2021: 8) wird, ist unbestritten und wird vor allem auf die technologischen Entwicklungen sowie die Digitalisierung zurückgeführt (Götz-Votteler/Hespers 2019: 11). Diese ermöglichen nicht nur den nahezu unbegrenzten Zugriff auf Wissen, sondern auch eine beinahe grenzenlose Verbreitung von Informationen. Schuldhaftem Nichtwissen und daraus resultierenden moralisch verwerflichen Handlungen müsste diese Verfügbarkeit von Wissen also maßgeblich entgegenwirken – oder etwa nicht? Ganz so einfach ist dies nicht, denn nicht nur aufgrund des hohen Wertes von Informationen, sondern auch aufgrund der Verbreitungs- und Zugriffsmöglichkeiten auf Wissen nimmt auch die unkontrollierte Verbreitung von Falschinformationen, Fake News und Verschwörungserzählungen[1] seit einigen Jahren zu. Während auf der einen Seite also die Vorstellung von der Wissensgesellschaft existiert, die in Anlehnung an Begriffe wie „Agrargesellschaft" und „Industriegesellschaft" schließlich dazu verwendet wird, um zu beschreiben, „welche Arbeitsform in einer Gesellschaft dominiert bzw. welches Merkmal als konstitutiv für soziale, politische und ökonomische Entwicklungen angesehen wird" (Götz-Votteler/Hespers 2019, 9), behauptet der Wissenschaftstheoretiker Robert N. Proctor, wir lebten in *„an age of ignorance"* (Proctor 2008: vii) – einem Zeitalter des Nichtwissens. Scheinen diese beiden Auffassungen zunächst in einem Widerspruch zueinander zu stehen, liegt es vielmehr nahe, von einer Korrelation auszugehen: Nicht nur wird, wie Proctor feststellt, mit jedem gewonnenen Wissen auch aufgedeckt, was wir noch nicht wissen, sondern sind auch Desinformationen, welche Proctor ebenfalls als eine Form des Nichtwissens ansieht (Proctor 200: 2) mit dieser Gesellschaftsform verbunden. Gerade in der Wissenschaftsgesellschaft sind also Nichtwissen und Fake News mit Werten belegt, denen besondere Beachtung geschenkt werden muss.

Die eingangs angeführte These, dass Nichtwissen schuldhaft sein kann, erfordert folglich insbesondere in einer Gesellschaft, in der Wissen als

---

1 Wie bei Nocun und Lamberty (2020, 21) wird in diesen Überlegungen der Begriff der „Verschwörungstheorie" vermieden. Sie bevorzugen den Terminus „Verschwörungserzählung", weil mit dem Begriff „Theorie" „eine wissenschaftlich nachprüfbare Annahme über die Welt" gemeint ist und sich eine Verschwörungserzählung gerade dadurch auszeichnet, „dass sie sich der Nachprüfbarkeit entzieht" (Nocun/Lamberty 2020: 21).

eines der wichtigsten Güter behandelt wird und Medien eine nicht zu unterschätzende Rolle bei der Verbreitung bzw. sogar Erzeugung von Wissen bei Akteur*innen spielen, eine medienethische Reflexion darüber, welche moralischen Implikationen mit Nichtwissen einhergehen. Dazu gehört auch die Frage, wie moralisch problematische Handlungen, die aufgrund von Fake News entstehen, einzuordnen sind. Orientieren sich Akteur*innen an Falschinformationen, können schließlich moralisch verwerfliche Handlungen und nicht wünschenswerte gesellschaftliche Entwicklungen herbeigeführt sowie Schäden unterschiedlichen Ausmaßes verursacht werden. Ist schuldhaftes Handeln, das aus dem Konsum von Fake News resultiert, jedoch moralisch gleich zu bewerten wie schuldhaftes Handeln, das auf bloßem Nichtwissen basiert, wie es etwa Proctors wissenschaftstheoretische Zuordnung von Desinformation zum Nichtwissen suggerieren könnte? Oder muss in den ethischen Überlegungen hier eine Differenzierung getroffen werden? Um dies herauszufinden, wird nachfolgend zunächst die Frage der Schuldhaftigkeit von Nichtwissen genauer beleuchtet.

3. Zur Schuldhaftigkeit von Nichtwissen

Die Gründe für Nichtwissen sind zahlreich und vielseitig. Geheimhaltung, Teilnahmslosigkeit, Dummheit, Glaube, Zensur oder auch Vergessen (Proctor 2008: 2) können beispielsweise Ursachen für Nichtwissen sein. Vieles, was wir nicht wissen, wissen wir schlichtweg nicht, weil wir die Informationen nicht brauchen, anderes wissen wir nicht (mehr), weil uns die Erinnerungen daran über die Jahre abhandengekommen sind. Weitere Gründe für Nichtwissen können Überforderung aufgrund des umfangreichen zur Verfügung stehenden Wissens oder Spezialwissens sein, das Fehlen notwendiger Vorkenntnisse zum Verständnis bestimmter Sachverhalte oder auch die Tatsache, dass man schlichtweg nicht weiß, dass das benötigte Wissen bereits vorhanden ist. Manchmal bevorzugen wir, dass andere bestimmte Sachverhalte über uns nicht wissen und journalistische Recherchen funktionieren oftmals nur, weil bestimmte Aspekte geheim gehalten werden (Proctor 2008: 2f.). Eine aktuelle Debatte wird zudem über ein Recht auf Nichtwissen geführt – welches beispielsweise dann zum Tragen kommen soll, wenn es um medizinische Diagnosen geht (siehe z. B. Wehling 2015; Duttge/Lenk 2019). Nichtwissen kann also unterschiedlicher Art sein, verschiedene Gründe haben und ist nicht in jedem Falle (moralisch) problematisch. Und doch ist nicht jedes Nichtwissen entschuldbar.

So kann moralisches Fehlverhalten, das auf fehlendes Wissen des bzw. der Akteur*in zurückzuführen ist, unter Umständen den Vorwurf hervorrufen, dass die handelnde Person es besser hätte wissen *müssen* und sie trotz ihres Nichtwissens für die Handlungsfolgen verantwortlich ist (Vanderheiden 2015: 297). Dies ist Rosen zufolge insbesondere dann der Fall, wenn sich ein*e Akteur*in aufgrund ihres Nichtwissens nicht nur einer moralisch verwerflichen Handlung, sondern auch des Nichtwissens selbst schuldig macht (Rosen 2003). War die für die Vermeidung des schuldhaften Handelns notwendige Information für den bzw. die Akteur*in verfügbar, könnte ihm bzw. ihr das Nichtwissen schließlich zum Vorwurf gemacht werden. Akteur*innen scheinen folglich mindestens in einigen Fällen – nämlich dann, wenn die benötigten Informationen für sie leicht zugänglich und verständlich sind – die Verantwortung zu tragen bzw. die „epistemische Verpflichtung" (Rosen 2003: 63) zu haben, sich über die normative Zulässigkeit ihrer Handlungen zu informieren.

Dass die mediale Verbreitung von Wissen eine substantielle Funktion in einer Gesellschaft einnimmt, in der sich aufgrund der „Ausweitung des technisch Möglichen zur Wissenserlangung" (Duttge 2019: 11) schleichend die Vorstellung von einer Art „Pflicht zum Wissen" (Duttge 2019: 11) einstellen kann, lässt sich am Beispiel der aktuellen Corona-Pandemie verdeutlichen. Ausgegangen wird im Folgenden von einem demokratischen Staat, in dem sowohl die Presse- als auch die Meinungsfreiheit als grundlegende Rechte verstanden werden.

Wenn das allgemein angestrebte Ziel zum Infektionsschutz darin besteht, die Ausbreitung des Corona-Virus zu verringern bzw. zu stoppen, ist eine fahrlässige Verbreitung des Virus als moralisch verwerflich anzusehen. Eine Besonderheit des neuartigen Virus ist, dass es auch von Personen verbreitet werden kann, die keinerlei Symptome aufweisen, und folglich nicht nur von offensichtlich bereits erkrankten Patient*innen, sondern von allen die Einhaltung bestimmter Verhaltensregeln gefordert wird. Folgende Beispielfälle, die die Bedeutsamkeit medialer Informationsverbreitung unterstreichen, sind vorstellbar:

1) Eine asymptomatisch und unwissentlich mit dem Corona-Virus infizierte Person A verbreitet ahnungslos die Erkrankung noch *vor* der medialen Berichterstattung über die neue Covid-19-Erkrankung und trägt somit zur Ausbreitung der Pandemie bei. Sie konnte weder wissen, dass es dieses Virus gibt, noch, dass sie selbst unter Umständen ansteckend ist und sie eine potentielle Gefahr für andere darstellt. Ihr kann folglich nicht vorgeworfen werden, unmoralisch gehandelt zu haben, weil sie es besser hätte wissen müssen, da sie es aufgrund der fehlenden

Berichte bzw. Informationen schlicht nicht besser wissen konnte. Sie besaß weder das faktische Wissen, dass sich ein zu diesem Zeitpunkt gefährlicher Erreger verbreitet, noch das moralische Wissen, dass es aktuell geboten ist, Abstand zu anderen Personen zu halten. Dieses Nichtwissens – weder des moralischen noch des faktischen Nichtwissens – macht sie sich zudem nicht schuldig, weil das Wissen an keiner Stelle für sie zugänglich gewesen wäre.

2) Person B, die zu einem Zeitpunkt nach öffentlichem Bekanntwerden der pandemischen Ausbreitung des Virus asymptomatisch erkrankt ist, verfolgt die einschlägigen Nachrichten über das Pandemiegeschehen nicht, obwohl sie einen leichten Zugang zu verschiedenen, bereits über die Verbreitung informierende Medien hat. Sie hält aufgrund ihres fehlenden Wissens über die Pandemie und die gebotenen Verhaltensregeln jedoch keinen Abstand zu ihren Mitmenschen und infiziert unwissentlich andere. Auch sie besitzt weder faktisches noch moralisches Wissen über die aktuelle Situation. Sie hätte im Gegensatz zu Person A jedoch die Möglichkeit gehabt, dieses Wissen zu erlangen. Ihr könnte folglich vorgeworfen werden, dass sie angesichts der medial verbreiteten Nachrichten hätte wissen müssen, dass diese Gefahr grundsätzlich besteht.

3) Außer Frage steht wohl die moralische Schuldhaftigkeit einer (asymptomatisch) infizierten Person C, die sehr genau weiß, dass ihr Handeln moralisch problematische Konsequenzen haben kann – bezogen auf das hier genannte Beispiel also eine Person, die die Nachrichten über die Pandemie verfolgt hat und weiß, dass ein bestimmtes Verhalten von ihr gefordert wird, sich aber wissentlich nicht an die gegebenen Regeln hält und zur weiteren Ausbreitung des Virus beiträgt. Sie hatte nicht nur Zugang zu diesem faktischen und moralischen Wissen, sondern hat auch darauf zugegriffen und sich wissentlich moralisch verwerflich verhalten.

Alle drei Beispiele zeigen, wie bedeutsam die Verfügbarkeit sowie die mediale Verbreitung von Informationen für die moralische Beurteilung des Nichtwissens von Akteur*innen sein kann. Fall 1) zeigt schließlich, dass einer der Gründe für sowohl faktisches als auch moralisches Nichtwissen lauten könnte, dass eine für eine moralische Handlung bedeutsame Information, die über die Medien hätte vermittelt werden müssen, dort nicht vorhanden war. Die Ursache für das Nichtwissen bzw. für die fehlende Vermittlung des Wissens sind folglich bei den Medien zu suchen. Fall 2) verdeutlicht, dass die Ursache des Nichtwissens auch bei den moralischen Akteur*innen liegen kann. Dann nämlich, wenn sie die Medien grundsätzlich nicht oder zu spät konsultieren. Es wird deutlich, dass nicht nur grundlegende bzw. allgemeine epistemische Pflichten auf Seiten der Medienkonsument*innen zur Informationsbeschaffung, sondern auch seitens der Medienakteur*innen bestehen, denen im demokratischen System schließlich als eine der Hauptaufgaben die Informationsvermittlung zukommt (Zehnpfennig 2017: 700).[2]

Wenn mit Rosen angenommen wird, dass es Formen des Nichtwissens gibt, die schuldhaft sind, nämlich dann, wenn sowohl das Nichtwissen als auch eine daraus resultierende moralisch problematische Handlung oder Unterlassung hätte vermieden werden können, ist folglich anzunehmen, dass auch die Medien als Vermittler von Wissen ihrer Verantwortung nicht nachkommen, wenn sie bestimmtes Wissen nicht zur Verfügung stellen. Dies zeigt wiederum, dass die Presse- und Rundfunkfreiheit nicht von jeglicher Pflicht befreit und Medienschaffenden eine Verantwortung im Zusammenhang mit der Verbreitung sowie der Darstellung und Verfügbarkeit von Informationen zukommt (siehe auch Craft 2010: 47f.). Die beiden aus diesen Erkenntnissen ableitbaren Kernthesen lauten:

a.) Presse-, Rundfunk- und Meinungsfreiheit sind nicht gleichbedeutend mit einer Befreiung von sämtlichen Pflichten, und Medien bzw. Medienakteur*innen kommt in einem demokratischen System eine Verantwortung hinsichtlich der Informationsvermittlung zu (vgl. z.B. auch Götz-Votteler/Hespers 2019: 76f.) und

b.) das Verfolgen von Nachrichten bzw. die Mediennutzung kann ein Mittel sein, moralisch schuldhaftes Nichtwissen und daraus resultierendes Fehlverhalten zu vermeiden und kann sogar als eine Art epistemische Verpflichtung von Bürger*innen, die zugleich auch immer moralische Akteur*innen sind, in demokratischen Systemen verstanden werden.[3]

Sowohl auf Seiten der Medienakteur*innen als auch seitens der Bürger*innen besteht somit eine Verantwortung hinsichtlich des Umgangs mit Wis-

---

2 Wie diese Pflichten genau auszugestalten sind, wie weit sie reichen, für wen sie genau im Einzelnen gelten und wer – etwa aufgrund von geistigen Einschränkungen – von diesen befreit werden kann, kann in diesen Ausführungen nicht behandelt werden. Hier soll es zunächst um die allgemeinen Pflichten von Medien und Bürger*innen gehen, Informationen bereitzustellen und Informationen abzurufen.
3 Wie oft Medien über welche Themen berichten und wie häufig und in welcher Form sich Rezipient*innen informieren müssen, um diesen Pflichten nachzukommen, kann in diesen Ausführungen nicht beleuchtet werden. Vielmehr zeigen die Beispiele, dass es derartige Pflichten generell gibt.

sen: Während Medienakteur*innen die Verpflichtung zur Informationsbereitstellung zuzuschreiben ist, haben moralische Akteur*innen eine Pflicht zur Informationsbeschaffung.

Wie ist jedoch mit der Verbreitung von Fake News und Desinformationen umzugehen? Welche Verpflichtungen gehen hiermit einher – sowohl auf Seiten der Medienakteur*innen als auch seitens der Mediennutzer*innen? Und sind moralisch schuldhafte Handlungen, die auf falsche Informationen zurückzuführen sind, gleichermaßen schuldhaft, wie solche, die auf bloßem Nichtwissen basieren? Auch wenn Proctor zufolge Desinformationen eine Form des Nichtwissens darstellen, scheinen Fake News eine differenziertere Betrachtung hinsichtlich der Schuldhaftigkeit zu erfordern, wie nachfolgend gezeigt werden soll.

4. Zur Schuldhaftigkeit von Fake News

Folgt man der häufig vertretenen Auffassung, Fake News seien eine Form der Desinformation (siehe z.B. Zimmermann/Kohring 2020: 23) sowie der These Proctors, dass Desinformationen zum Nichtwissen gezählt werden, müsste ein*e Akteur*in, der bzw. die sich einer moralisch verwerflichen Handlung oder Unterlassung aufgrund von Fake News schuldig macht, gleichermaßen schuldhaft sein, wie eine Person, die aufgrund vermeidbaren und für die Handlung relevanten Nichtwissens handelt. Aus wissenschaftstheoretischer Perspektive könnte also die These vertreten werden, dass „fehlerhaftes" Wissen gleichzusetzen ist mit Nichtwissen. Dass dies jedoch aus moralphilosophischer Perspektive differenzierter betrachtet werden muss, zeigt das folgende Beispiel:

Person D ist bemüht, sich stets richtig zu verhalten, sitzt jedoch zunächst der medial verbreiteten Desinformation auf, dass das Virus nur für ältere Menschen zur Lebensgefahr werden kann und die Maßnahmen unnötig und übertrieben sind. Sie ist selbst jung und gesund, hat keinen Kontakt zu älteren Personen und ist deshalb der Überzeugung, sie stelle keine Gefahr für andere dar. Sie hält sich nicht an die vorgegebenen Maßnahmen, infiziert erst sich und dann andere.

Ist Person D nun schuldhaft nichtwissend? Schließlich kommt sie grundsätzlich der in Kernthese b) formulierten epistemischen Verpflichtung, sich regelmäßig zu informieren, nach und ist überdies grundsätzlich dazu bereit, ihr Handeln mithilfe medial vermittelter Informationen zu reflektieren. Ihr bloßes Nichtwissen oder die Missachtung ihrer epistemischen Verpflichtung vorzuwerfen, wäre verfehlt, denn schließlich hat sie sich informiert. Der Vorwurf könnte jedoch lauten, dass sie sich noch besser hätte informieren und die eingeholte Information hätte hinterfragen müssen. Und auch dem bzw. der entsprechenden Medienakteur*in könnte eine Schuldhaftigkeit hinsichtlich der Verbreitung nicht-wahrhaftiger Informationen zugesprochen werden, sofern der bzw. die Medienakteur*in die Verbreitung dieser Fehlinformation mit einem vertretbaren Aufwand hätte verhindern können oder sogar ein absichtlicher Täuschungsversuch vorliegt.[4] War die richtige Information schließlich bereits vorhanden, müsste der Vorwurf gegen den bzw. die Medienakteur*in lauten: „Das hättest du besser wissen bzw. recherchieren müssen." Ähnlich verhält es sich – vergleichbar mit den Fällen 1) und 2) – hinsichtlich der Schuldhaftigkeit von Person D: Hätten alle oder ein Großteil der Medien dieselbe falsche Information verbreitet, könnte D, ähnlich wie in Fall 1), in dem die Information gar nicht vorhanden war, keine Schuldhaftigkeit vorgeworfen werden. War die korrekte Information – im Beispielfall das Wissen darüber, dass die Maßnahmen für alle gelten müssen, um die Pandemie einzudämmen und schwere Verläufe zu vermeiden – zum Zeitpunkt des Informierens bereits für D mit vertretbarem Aufwand zugänglich, müsste ihr hingegen vorgeworfen werden, dass sie es hätte besser wissen müssen. Das bedeutet, es ist nicht ausreichend, moralischen Akteur*innen lediglich eine epistemische Verpflichtung zur Beschaffung von Informationen ihre Handlungen oder Unterlassungen betreffend zuzuschreiben. Darüber hinaus tragen sie auch die Verantwortung, die Quellen zu hinterfragen, mehrere Quellen zu konsultieren, die Plausibilität der Meldung einzuschätzen und entsprechend kompetent mit den hierin vorhandenen Informationen zu verfahren.[5]

Die beiden Kernthesen müssen also um weitere Aspekte ergänzt werden, wobei die Ergänzung in 1. bereits durch den Pressekodex („Die Ach-

---

4 Romy Jaster und David Lanius zufolge ist genau dies der Kern von Fake News: Ihrer Auffassung nach sind Fake News Berichterstattungen, die 1. falsch oder irreführend sind und 2. deren Verfasser*innen entweder eine Täuschungsabsicht verfolgen oder der Wahrheit ihrer Behauptungen gleichgültig gegenüberstehen (Jaster/Lanius 2019: 31). Fake News unterscheiden sich demzufolge von „herkömmlichen" journalistischen Irrtümern durch die bei Letztgenannten fehlende Täuschungsabsicht und das grundsätzlich vorhandene Bestreben von Journalist*innen, wahrhaftig Bericht zu erstatten und unbeabsichtigte Fehler zu korrigieren.
5 Auch an dieser Stelle stellt sich die bereits in FN 3 angesprochene Frage, wie weit diese Pflichten reichen und wann ihnen genau nicht nachgekommen wird. Ist es ausreichend, eine weitere Quelle zu konsultieren, oder müssen mehrere Quellen betrachtet werden? Nach welchen Kriterien müssen diese ausgewählt werden und wie ist mit widersprüchlichen Informationen zu verfahren? Antworten auf diese Fragen müssen in weiterer Forschungsarbeit gefunden werden.

tung vor der Wahrheit, die Wahrung der Menschenwürde und die wahrhaftige Unterrichtung der Öffentlichkeit sind oberste Gebote der Presse.")[6] abgedeckt wird:

a.) Presse-, Rundfunk- und Meinungsfreiheit sind nicht gleichbedeutend mit einer Befreiung von sämtlichen Pflichten, und Medien bzw. Medienakteur*innen kommt in einem demokratischen System eine Verantwortung hinsichtlich der wahrhaftigen Informationsvermittlung zu (vgl. z.B. auch Götz-Votteler / Hespers 2019, 76f.) und

b.) das Verfolgen von Nachrichten bzw. die Mediennutzung kann ein Mittel sein, moralisch schuldhaftes Nichtwissen und daraus resultierendes Fehlverhalten zu vermeiden und kann sogar als eine Art epistemische Verpflichtung von Bürger*innen, die zugleich immer auch moralische Akteur*innen sind, in demokratischen Systemen verstanden werden. Mit dieser Verpflichtung geht auch die Überprüfung von Quellen, der Wahrhaftigkeit der Information und die Einschätzung der Plausibilität der entsprechenden Nachricht einher.

Zusätzlich zu der Forderung, sich überhaupt zu informieren, wie sie mit Blick auf die Vermeidung schuldhaften Nichtwissens formuliert wird, sind also mit dem Bestreben zur Vermeidung von schuldhaftem Handeln aufgrund schuldhafter Desinformation weitere Pflichten, nämlich die zur Überprüfung des Wahrheitsgehaltes der Nachricht, verbunden. Diese Pflicht betrifft sowohl Medienakteur*innen auf der einen als auch Rezipient*innen auf der anderen Seite.

5. Schlussbemerkung

Wie die Ausführungen zeigen, ist weder Nichtwissen noch der Konsum von Fake News selbst per se verwerflich. Sowohl Nichtwissen als auch fehlerhaftes Wissen können, wie auch Rosen behauptet, aber schuldhaft sein, nämlich dann, wenn aus ihm eine moralisch verwerfliche Handlung folgt und sowohl diese als auch das Nichtwissen bzw. fehlerhafte Wissen hätten vermieden werden können. Aus wissenschaftstheoretischer Perspektive lassen sich Fake News, wie diese Ausführungen zeigen, zum Nichtwissen zählen; spätestens wenn die ethische Perspektive einbezogen wird, macht jedoch die Differenzierung zwischen Nichtwissen und Fake News dahingehend einen Unterschied aus, wie die epistemischen Pflichten von Medien-

---

6 https://www.presserat.de/pressekodex.html (Eingesehen am 05.11.2021).

akteur*innen und -rezipient*innen ausformuliert werden. Da eine Verbreitung von Fake News jedoch zwangsläufig mit den Entwicklungen innerhalb einer Wissenschaftsgesellschaft einhergeht, scheint es sinnvoll, an die Forderung zur epistemischen Verantwortungsübernahme von moralischen Akteur*innen immer auch die Verpflichtung zu knüpfen, Informationen auf ihren Wahrheitsgehalt zu überprüfen. Dies erfordert jedoch gerade angesichts der vielfältigen Verbreitungsmöglichkeiten von Informationen ein hohes Maß an Medienkompetenz. Ist diese nicht vorhanden, ließe sich wiederum fragen, wer die Verantwortung für die fehlende Medienkompetenz trägt – die Eltern, Bildungseinrichtungen, die Medien oder die Person selbst? Schließlich müsste ein grundsätzliches Wissen darüber, dass über Medien auch Fake News verbreitet werden, sowie die Kompetenz, adäquate von nicht adäquaten Quellen zu unterscheiden und die darin enthaltenen Informationen einzuordnen, ebenfalls bereits vorhanden sein. Wie ist zudem mit Nachrichten, die vielleicht nicht falsch sind, aber trotzdem in die Irre führen, umzugehen? Oder mit der Tatsache, dass unterschiedliches Vorwissen der Rezipient*innen unter Umständen zu unterschiedlichen Interpretationen einer Nachricht führen kann? Wann hat ein*e Akteur*in – sei es ein*e Rezipient*in oder ein*e Medienschaffende*r – eine ausreichende Recherche betrieben, die Fake News tatsächlich ausschließt? Und was ist angesichts der Tatsache, dass medial vermittelte Nachrichten immer selektiv sind, überhaupt wahre Berichterstattung? All diesen Fragen muss nachgegangen werden, um einem angemessenen Umgang mit der Verbreitung von Desinformationen innerhalb der Wissensgesellschaft bzw. dem „Zeitalter des Nichtwissens" nachkommen und schuldhaften Handlungen, die aus Nicht- oder fehlerhaftem Wissen resultieren, entgegenwirken zu können.

Literaturverzeichnis

Baumann, Peter (2015): *Erkenntnistheorie*. 3. Aufl. Springer: Stuttgart.
Bogner, Alexander (2021): *Die Epistemisierung des Politischen. Wie die Macht des Wissens die Demokratie gefährdet*. Reclam: Stuttgart.
Craft, Stephanie (2010): *Press Freedom and Responsibility*. In: C. Meyers (Hg.): Journalism Ethics. A Philosophical Approach. Oxford University Press: New York, 39–51.
Duttge, Gunnar / Lenk, Christian (Hg.) (2019): *Das sogenannte Recht auf Nichtwissen. Normatives Fundament und anwendungspraktische Geltungskraft*. Mentis: Paderborn.
Gelfert, Axel (2018): *Fake News: A Definition*. In: Informal Logic 38/1, 84–117.

Götz-Votteler, Katrin / Hespers, Simone (2019): *Alternative Wirklichkeiten? Wie Fake News und Verschwörungstheorien funktionieren und warum sie Aktualität haben.* transcript: Bielefeld.

Jaster, Romy / Lanius, David (2019): *Die Wahrheit schafft sich ab. Wie Fake News Politik machen.* Reclam: Stuttgart.

Mukerji, Nikil (2018): *What is Fake News?* In: Ergo 5/35, 923–946.

Nocun, Katharina / Lamberty, Pia (2020): *Fake Facts. Wie Verschwörungstheorien unser Denken mitbestimmen.* Bastei Lübbe: Köln.

Proctor, Robert N. (2008): *Agnotology. A Missing Term to Describe the Cultural Production of Ignorance (and Its Study).* In: R. N. Proctor / L. Schiebinger (Hg.): Agnotology. The Making & Unmaking of Ignorance. Standford University Press: California, 1–33.

Rosen, Gideon (2003): *Culpability and Ignorance.* In: Proceedings of the Aristotelian Society. New Series 103. Oxford University Press: Oxford, 61–84.

Urner, Maren (2019): *Schluss mit dem täglichen Weltuntergang. Wie wir uns gegen die digitale Vermüllung unserer Gehirne wehren.* Droemer: München.

Vanderheiden, Steve (2015): *The Obligation to Know: Information and the Burdens of Citizenship.* Springer Science: Dordrecht.

Wehling, Peter (Hg.) (2015): *Vom Nutzen des Nichtwissens. Sozial- und kulturwissenschaftliche Perspektiven.* transcript: Bielefeld.

Zehnpfennig, Barbara (2017): *Verantwortung in den Medien.* In: L. Heidbrink u.a. (Hg.): Handbuch Verantwortung. Springer: Wiesbaden, 697–713.

Zimmermann, Fabian / Kohring, Matthias (2020): *Aktuelle Desinformation – Definition und Einordnung einer gesellschaftlichen Herausforderung.* In: R. Holfeld u.a. (Hg.): Fake News und Desinformation. Herausforderungen für die vernetzte Gesellschaft und die empirische Forschung. Nomos: Baden-Baden, 23–41.

Teil 3
Fazit: eine medienethische Perspektive

Wie viel Wahrheit braucht die Welt?
Ein (medien)ethisches Fazit

Claudia Paganini

Abstract

Die Annäherung an das Thema Fake News erfolgt, indem in einem ersten Schritt die Beiträge des Sammelbandes noch einmal in den Blick genommen werden und zwar mit Fokus darauf, welche weiterführenden Fragen explizit oder implizit gestellt werden. In einem zweiten Schritt wird das Phänomen Fake News in einen größeren Zusammenhang gestellt und es werden die Berührungspunkte bzw. Spannungen zwischen Wahrheit, Transparenz, Manipulation, Täuschung, Lüge und eben Fake News herausgearbeitet. Eine Analyse der Bedingungen von Lüge führt schließlich zur Auseinandersetzung mit ihrem kreativen Moment bzw. – allgemeiner gesprochen – mit dem Menschen als einem imaginierenden Wesen. Ausgehend davon wird skizziert, woher die moralische Empörung, mit der die meisten Menschen auf Fake News reagieren, kommt und ob es tatsächlich (nur) ein Mehr an Wahrheit ist, was die zwischenmenschlich – medial vermittelte – Kommunikation braucht.

1. Einleitung

Als Begriff haben die Fake News ihren Siegeszug mit dem Wahlkampf von Donald Trump im Jahr 2016 angetreten. Bis dahin wurde der Ausdruck im englischen Sprachraum – und seit 2014 auch im deutschen – zwar sporadisch gebraucht, konnte sich aber nicht gegen Synonyme wie etwa den Horax durchsetzen. Die – inzwischen mehrfach widerlegte – Pizzagate-Verschwörungstheorie, der zufolge Präsidentschaftskandidatin Hillary Clinton gemeinsam mit ihrem Wahlkampfmanager John Podesta in einer Pizzeria in Washington einen Kinderhändlerring betrieben haben soll, und Aussagen Trumps wie die, er hätte das größte Gedächtnis der Welt (Stapf 2021: 103), haben die Popularität des Begriffs dann exponentiell in die Höhe schnellen lassen bzw. dazu geführt, dass bald in ganz unterschiedlichen Kontexten von Fake News die Rede war. Und so braucht es nicht zu überraschen, dass die Google-Abfrage im Sommer 2021 rund eine Milliarde Treffer für Fake News ergibt, während es die „Wahrheit" in derselben Suchmaschine nur auf knappe 60 Millionen Treffer bringt.

Parallel zum Höhenflug der Fake-News-Semantik war auch schnell ein, wenn nicht *der* Schuldige gefunden: die neuen Medien, genauer die Sozialen Medien. Begreift man in Abhebung von der Rezeptionsgeschichte des Begriffs Fake News aber als Phänomen, das sich durch die ganze Kulturgeschichte hindurch zieht, stellt man fest, dass im Grunde jede Art von Medium – Steintafeln ebenso wie Urkunden oder gedruckte Tageszeitungen – geeignet war und ist, Fake News zu transportieren und ihnen die nötige Autorität zu verleihen. Doch dazu später.

Der vorliegende Band widmet sich zum einen der historischen Dimension des Phänomens Fake News und er widmet sich zum anderen der ganzen Breite, in der wir ihm in der Gegenwart begegnen. In dem nun folgenden (medien)ethischen Fazit wird es selbstverständlich nicht darum gehen, die einzelnen Beiträge, die teils exemplarisch, teils systematisch ein facettenreiches Bild entwickeln, zusammenzufassen. Sehr wohl aber werde ich sie noch einmal kurz Revue passieren zu lassen, um einen Einblick in die Fragen zu geben, die in ihnen angesprochen werden. Denn in der Vielfalt der Zugänge vermitteln sie einen guten Eindruck davon, in welche Richtung man weiterdenken kann und vielleicht auch soll bzw. welche Überlegungen es sind, die auch Nicht-Wissenschaftler*innen anstellen, wenn sie mit der Rede von Fake News konfrontiert werden. In einem zweiten Schritt soll dann dem größeren Kontext bzw. Spannungsfeld von Wahrheit, Lüge, Täuschung und Manipulation Aufmerksamkeit gewidmet werden, bevor schließlich einige (medien)ethische Implikationen skizziert werden.

2. Welche Fragen lassen sich stellen?

Auf der Suche nach den Fragen, die sich an das Phänomen Fake News stellen lassen, soll als erstes der medienethische Beitrag von Carmen Krämer in den Blick genommen werden. Wie sind Fake News im Diskurs um schuldhaftes Nichtwissen einzuordnen? Wie ist – ganz allgemein – Wissen zu definieren und worin besteht die die journalistische Verantwortung in der medialen Berichterstattung? In dem ebenfalls philosophischen Beitrag von Hendrik Kempt und Saskia K. Nagel geht es dann – ausgehend von dem negativen Statement, dass Fake News erheblichen gesellschaftlichen Schaden verursachen – um Verantwortung, ihre Bedingungen und Ebenen. Aus dem empirischen Befund, dass beim Gros der User nur ein mangelhaftes Gefühl von Verantwortung beim Teilen zweifelhafter Inhalte vorhanden ist, und anknüpfend an eine Ethik des Glaubens stellen sie die Frage, wie man die unterschiedlichen an der Entstehung und Distribution von Fake News beteiligten Personen dazu bringen kann, ihre Verantwortung ernst zu nehmen. Eng damit verbunden ist die Frage, die sich den Leser*innen bei der Lektüre von Thomas Niehrs linguistischem Beitrag stellt, in dem er sich mit der Funktionsweise von Verschwörungserzählungen und mit der Analyse gültiger Argumentationsformen beschäftigt: Was kann man Verschwörungserzählungen, was kann man Fake News argumentativ entgegenhalten?

Im Bemühen, Strategien zur Bekämpfung der Desinformation als ein komplexes und drängendes gesellschaftliches Problem zu entwickeln, nimmt der Soziologe Joachim Allgaier die großen reichweitenstarken Online-Plattformen in die Pflicht, und es lässt sich mit ihm fragen, welche rechtlichen und strukturellen Rahmenbedingungen etabliert werden müssen, um der Verbreitung von Fake News erfolgreich entgegenwirken zu können. Ebenfalls thematisiert wird der Kontext, in dem sich Wahrheit, Lüge und Schweigen vollziehen, bei Thorsten Karbach, der im Kontext der Wissenschaftskommunikation Kants Frage nach dem Schaden der Lüge aktualisiert. Wem schaden Fake News und kann auch die Wahrheit schaden?

Nicht dem Schaden, sondern dem Nutzen von Fake News widmet sich in der Folge der Theologe Simone Paganini, wenn er unter Bezugnahme auf die in den Evangelien vermittelte Weihnachtsgeschichte aufzeigt, inwiefern man in der Antike ein anderes Verständnis von Geschichtsschreibung hatte und dass diese nicht in erster Linie dazu diente, Vergangenes (möglichst) korrekt darzustellen, sondern sinnstiftende Erzählungen zu entwerfen und (Herrschafts-)Ansprüche zu legitimieren. Da sich im Hinblick auf die Bibel aber auch in deren Rezeptionsgeschichte eine Vielzahl an Fake News entdecken lassen, lässt sich ausgehend von Paganini überlegen, welchen Stellenwert Fake News haben, wenn Menschen in der Vergangenheit oder in der Gegenwart versuchen, die Welt zu verstehen und Sinn zu generieren. Einen ebenso historischen Zugang bietet Max Kerner, der im Zusammenhang mit den Fakes News der Vergangenheit von einer „Fabuliersucht" spricht und schon eingangs die Frage formuliert: Wie konnte das Mittelalter so viele Fälschungen hervorbringen und wie konnte es so viele hinnehmen? Unabhängig davon, dass der Sinnspruch *„mundus vult decipi, ergo decipiatur"* – Die Welt will getäuscht werden, also wird sie getäuscht – für Kerner zeitlose Gültigkeit besitzt, lautet sein Fazit, das Mittelalter habe Fälschungen erzeugt, um die Ordnung zu erhalten und den Glauben an etwas zu stärken, während moderne Fakes Misstrauen und Chaos erzeugen wollen. Wie schon Paganini regt er dazu an nachzudenken, welchen Nutzen Fake News in ihrer Zeit gebracht haben und welche Erkenntnisse wir aus diesen Beobachtungen für die Gegenwart gewinnen können.

Den Ansatz, aus der Geschichte für das Jetzt zu lernen, verfolgt auch der Historiker Sönke Hebing, der untersucht, wie die jüdische Presse gegen Ende des Ersten Weltkrieges auf den überall präsenten Antisemitismus reagierte. Indem er aufzeigt, wie die anfängliche Überzeugung, dass Glau-

Claudia Paganini

be, Wahrheit und Rationalität sich schlussendlich durchsetzen müssten, mehr und mehr der Hilflosigkeit, der Resignation und dem Sarkasmus wich, lässt er zwischen den Zeilen immer mehr die Frage laut werden, welche Handlungsoptionen Opfer von Fake News haben bzw. inwiefern diese erfolgsversprechend sind. Weniger mit Fokus auf konkrete Opfer als auf jede*n Bürger*in findet sich diese Frage auch bei Ines Soldwisch, die sich in ihrem Beitrag der Praxis der DDR-Führung widmet, gezielte Falschmeldungen zum Zweck der Manipulation und Propaganda einzusetzen. Vor dem Hintergrund ihrer Feststellung, die Geschichte der Menschheit sei „von öffentlichen Halbwahrheiten, Täuschungen, Verleumdungen und gezielt gestreuten Gerüchten geprägt", drängt sich zugleich aber die Frage auf, wie sehr den Adressat*innen von Fake News bewusst ist, dass sie hinters Licht geführt werden, und warum sie nicht mehr unternehmen, dem ein Ende zu setzen.

Die historische Kontinuität, mit der Lüge und Täuschung zu den üblichen Mitteln politischen Handelns zählen, betont auch der Politikwissenschaftler Helmut König, bevor er sich dem erstaunlichen Phänomen zuwendet, dass Donald Trump sich trotz ständigem nachweislichem Lügen großer Popularität in der Bevölkerung erfreut. Er schließt daraus, dass Fake News nicht primär ein Problem des Wissens und der Information sind, sondern der Fähigkeit bzw. Bereitschaft, „Informationen aufzunehmen, zu verarbeiten, zu durchdenken und darüber in einen Austausch mit anderen einzutreten". Noch einmal auf Trump referierend argumentiert er, dieser habe seinen Wähler*innen die Scham genommen zu sein, wie sie sind, sei ihrer Wut mit der Erfahrung der eigenen Wichtigkeit und Handlungskompetenz begegnet. Warum also – so kann man in Anlehnung an König überlegen – glauben (so viele) Menschen an Fake News? Und: Könnten Beteiligung und Wertschätzung tatsächlich geeignete Gegenmittel sein?

Mit Fake News im Kontext der Kriegführung – und zwar der modernen, unter dem Schlagwort „hybrider Krieg" subsumierten Kriegsführung ebenso wie mit der des Sunzi (Sun Tsu) im sechsten Jh. v. Chr., setzt sich der Politikwissenschaftler Ralf Rotte auseinander und zeichnet dabei ein Bild von der Verletzlichkeit etablierter Fakten und Normen, von seriösen Medien und Expert*innen. Einmal mehr drängt sich beim Lesen die Frage auf, was man gegen derartige Missstände unternehmen kann.

Mit den Autor*innen dieses Bandes soll in diesem letzten Beitrag also noch einmal gefragt werden: Was sollen wir tun? Bevor hier aber der Versuch einer Antwort unternommen werden kann, gilt es, sich dem zugrundeliegenden Problem anzunähern. Was in erster Linie der Klärung bedarf, ist folglich nicht, welche Handlungsoptionen und Imperative sich (möglicherweise) abzeichnen, sondern, worin das Problem eigentlich besteht.

3. Worin besteht das Problem?

Nähert man sich der Wahrheit zunächst auf sprachphilosophischer Ebene, fällt erstens auf, dass der Begriff im Alltag sehr unterschiedlich gebraucht wird – wenn etwa im Zuge eines Gerichtsverfahrens Wahrheit eingefordert wird oder wenn ich mich unter Berufung auf „meine Wahrheit" gegen Argumente und Meinungen anderer immunisiere. Zweitens stellt man fest, dass die *Wahrheit* einem sehr reichhaltigen semantischen Feld angehört, es also eine ganze Reihe von sinnverwandten Wörtern gibt, die einander in ihrer Bedeutung derart ergänzen bzw. begrenzen, dass sie die zugrundeliegende Thematik sprachlich weitgehend lückenlos erfassen (Trier 1973). Andere Wörter, die sich mit der *Wahrheit* in ein solches semantisches Feld einreihen lassen, wären neben weiteren Transparenz, Manipulation, Täuschung, Lüge und eben auch Fake News. Was diese – drittens – verbindet, ist der Umstand, dass sie mehr oder weniger stark normativ aufgeladen sind, d. h., wenn man eine Aussage darüber macht, dass jemand nicht die Wahrheit sagt oder Fake News verbreitet, dann ist das nicht nur die Feststellung einer (vermeintlichen) Tatsache, sondern beinhaltet zugleich eine moralische Wertung des Verhaltens dieser Person bzw. der Person selbst. Als Philosoph*in könnte man sagen, es handelt sich um dicke Begriffe, die zugleich beschreibend und wertend sind und in deren korrektem Gebrauch sich moralisches Wissen niederschlägt (Borchers 2001: 81).

In der philosophischen Ideengeschichte blickt die Wahrheit – auch wenn sie gegenwärtig im Suchmaschinen-Wettstreit mit den Fake News klar den Kürzeren zieht – auf eine strahlende Karriere zurück und so existieren heute neben der klassischen Korrespondenztheorie eine Vielzahl an unterschiedlichen Wahrheitstheorien – wie etwa die logisch-semantische Wahrheitstheorie, die Widerspiegelungstheorie, die Kohärenztheorie, die pragmatische Wahrheitstheorie oder die Konsenstheorie (Kreiser/Stekeler-Weithofer 2010) –, deren Vertreter*innen sich weder darin einig sind, wie Wahrheit zu definieren ist, noch darin, wie sie festzustellen ist bzw. in welchem Verhältnis Wahrheitskriterien und epistemische Kriterien zueinander stehen, um nur einige wenige Schwierigkeiten anzusprechen. Zugleich erfreut(e) sich die Wahrheit in der Vergangenheit wie in der Gegenwart leidenschaftlicher Fürsprache. Immanuel Kant beispielsweise war ein großer Verfechter der Wahrheit, war er doch überzeugt, dass ihr Widersacher, die Lüge,

> „jederzeit einem Anderen [schade], wenngleich nicht einem anderen Menschen, doch der Menschheit überhaupt, indem sie die Rechtsquelle unbrauchbar macht."
> (Kant 1838: 297)

In der gegenwärtigen Debatte beruft man sich gerne auf Hannah Arendt, die in der Wahrheit einen ersatzlosen Garanten für die persönliche Freiheit und eine selbstbestimmte Wahl sieht (Arendt 1972).

Ungeachtet der Bedeutsamkeit der Wahrheit hat die Komplexität des Wahrheitsdiskurses dazu geführt, dass der Begriff in der Praxis – beispielsweise in den Selbstverpflichtungskodizes der verschiedenen medial vermittelt interagierenden Berufsgruppen (Paganini 2020: 105) – nur zögerlich gebraucht wird. Sehr wohl aber sind die Grundanliegen der traditionellen Wahrheits-Forderung nach wie vor aktuell und finden sich in mehreren anderen – im Alltag mehr oder weniger explizit eingemahnten – Werten wieder, wobei sich hier grundsätzlich zwei Ausrichtungen feststellen lassen: Zum einen scheint es nämlich um die Frage eines angemessenen Verhältnisses zwischen Dargestelltem und Darstellung zu gehen. Das Alltagsverständnis (Bentele 2016: 59–61) von Wahrheit ist nach wie vor eng mit der Korrespondenztheorie verbunden und wird heute vermehrt durch Begriffe wie Richtigkeit oder Transparenz zum Ausdruck gebracht. Zum anderen aber scheint von Relevanz zu sein, welche Intentionen die Handelnden haben. Ob sie nämlich danach streben, eine möglichst große Korrespondenz herzustellen, oder ob sie vielmehr außermoralische Interessen verfolgen und bewusst täuschen bzw. die Täuschung in Kauf nehmen. Der Ausdruck, der diese gute Intention am besten verkörpert, ist die Wahrhaftigkeit, aber auch Authentizität, Korrektheit, Aufrichtigkeit, Ehrlichkeit, Glaubwürdigkeit, Verlässlichkeit und Vertrauenswürdigkeit geben das genannte Anliegen wider und gliedern sich gut in das bereits erwähnte semantische Feld ein.

Was ihre Gegenspieler betrifft, handelt es sich bei der Täuschung und der Lüge, um alte, gut eingeführte Termini, bei der Manipulation – im heutigen Sinn – und den Fake News dagegen um verhältnismäßig junge. Ursprünglich wertneutral gebraucht, bezeichnete Manipulation nämlich bis ins 20. Jahrhundert hinein eine geschickte Handhabung in Handwerk, Kunst und Naturwissenschaften (z.B. Gen-Manipulation) und nahm erst mit dem Aufschwung der amerikanischen Massenkommunikationsforschung eine pejorative Konnotation an. Von der Sache her hatte der Einsatz

"von psychologischen Techniken der [...] Kontrolle zur emotionalen Beeinflussung und gezielten Steuerung der Menschen in der Massengesellschaft"
(Wirkus 2001: 931)

aber seit der Antike seinen Ort in der philosophischen Debatte. Platon etwa kritisierte die Sophisten dafür, dass sie sich im Gespräch auf das Nichtseiende berufen würden, und war damit der erste im langen Reigen derer, die in den kommenden Jahrhunderten eine ontologische Kritik an der Rhetorik üben sollten. Aristoteles seinerseits richtete sich in diesem Kontext auch gegen den Skeptizismus bzw. den Nihilismus und legte damit den Grundstein für eine moralphilosophische Kritik an dem, was später Manipulation heißen sollte. Gemeinsam mit der Auseinandersetzung mit Täuschung und Lüge ist diesen Texten das Unbehagen bzw. zuweilen auch der Ärger oder die Empörung über eine verfälschende, nicht wahrhaftige, nicht authentische Kommunikation.

Da aber die Frage, ob Fake News eine Form der Manipulation sind, in der gegenwärtigen Debatte – und nicht zuletzt innerhalb dieses Sammelbandes – durchaus unterschiedlich beantwortet wird, werde ich mich im Folgenden besonders der Täuschung und der Lüge zuwenden und untersuchen, welcher Gewinn sich aus einem historischen (und) systematischen Zugang für das Phänomen der Fake News ergibt. Bis auf wenige Ausnahmen sind sich die meisten Wissenschaftler*innen gegenwärtig nämlich einig, dass Fake News immer auch eine Täuschungsabsicht, die *voluntas ad fallendum* (Dietzsch 2010: 1468), innewohnt. Daher definieren Romy Lanius und David Jaster Fake News als Nachrichten, die einen Mangel an Wahrheit aufweisen – „*in the sense that it is either false or misleading*" – und einen Mangel an Wahrhaftigkeit – „*in the sense that it is propagated with the intention to deceive or in the manner of bullshit*" (Lanius/Jaster 2018: 211). Bei der These Fake News seien ausschließlich als Form des Bullshits im Sinne Frankfurts zu verstehen und zeichneten sich daher wesentlich durch eine Gleichgültigkeit gegenüber der Wahrheit aus – was wiederum implizieren würde, dass keine Täuschungsabsicht im eigentlichen Sinn besteht –, handelt es sich dagegen – wie schon erwähnt – eher um eine Minderheitenposition (Mukerji 2021).

Täuschung, Lüge und Fake News sind einander also unter mehrerlei Rücksicht ähnlich, wobei eine grundsätzliche, jedoch wenig beachtete Besonderheit der Täuschung darin besteht, dass es sich bei ihr sowohl um ein Ereignis, als auch um einen Zustand handeln kann. Bei der aktiv vollzogenen, auch als Irreführung beschriebenen Täuschung geht es darum, jemand anderen einen als falsch angenommenen Sachverhalt für wahr halten zu lassen. Im passiven Zustand der Täuschung dagegen unterliegt man – aufgrund einer aktiv vollzogenen Täuschung, in Folge einer Sinnestäuschung oder weil das zu Erfassende komplex ist usw. – einer falschen Vorstellung bzw. Auffassung von einem Sachverhalt. Was die (aktive) Täuschung außerdem von der Lüge unterscheidet, ist der Umstand, dass sie primär mit außersprachlichen Mitteln vollzogen wird, wobei die Sinnhaftigkeit dieser Unterscheidung davon abhängt, ob man neben expliziten, lautlich wahrnehmbaren Äußerungen auch „ähnlich ausgeprägte Zeichensysteme" (Rott 2013: 125) wie Gestik, Mimik etc. als Formen von Sprache gelten lässt. Überhaupt wurde die Sprachlichkeit der Lüge quer durch die Philosophiegeschichte kontrovers diskutiert und es ist durchaus erfreulich, dass zumindest dieses Problem im Zusammenhang mit den Fake News in den Hintergrund rückt. Denn neben sprachlichen Äußerungen spielen auch (bewegte) Bilder (Stapf 2021: 104) oder Geräusche eine wichtige Rolle bei der Entstehung von Fake News, insbesondere wenn es sich dabei um Deep Fakes handelt. Doch zurück zu den klassischen Bedingungen der Lüge.

Von einer Lüge bzw. – unter Ausklammerung der sprachlichen Dimension – von einer (aktiven) Täuschung spricht man üblicherweise dann, wenn

1) eine Behauptung p vorliegt,
2) der/die Sender*in p für falsch hält,
3) die Absicht hat, den/die Empfänger*in p für wahr halten zu lassen, und
4) p tatsächlich falsch ist.

Im Zusammenhang mit Fake News könnten m.E. sowohl die dritte als auch die vierte Bedingung beibehalten werden, die Forderung nach dem Vorliegen einer Behauptung p müsste allerdings weicher verstanden werden und die vielfältigen Möglichkeiten, in Wort, Bild und Ton eine Überzeugung entstehen zu lassen, miteinschließen. Bedingung 2 schließlich entspricht der Definition von Lanius und Jaster – *„intention to deceive"* – müsste aber um den Ausdruck nach dem Oder – *„or in the manner of bullshit"* (Lanius/Jaster 2018: 211) – ergänzt werden. Mit Blick auf diese Erweiterung scheint es, als ob Fake News in einer größeren Nähe zum griechischen *pseudos* als zum lateinischen *mendacium* stünden, denn ersteres bezeichnet neben der bewusst geäußerten Unwahrheit eben auch den Irrtum, die Fiktion und die dichterische Ausschmückung (Dietzsch 2010: 1468). Interessant ist weiters, dass die unterschiedlichen Arten der Lüge, wie sie Thomas (Thomas von Aquin 1933, Summa Theologica II-II. Questio 110, art. IV, ad quint.) und nach ihm Martin Luther beschreiben, nämlich die Scherzlüge, Nutzlüge und Schadenslügen (Luther 1883: 510–

511), allesamt mögliche Fälle von Fake News darstellen, ebenso Machiavellis strategische Täuschung (Machiavelli 1532: Kap. 18) oder die jesuitische *reservatio mentalis*, bei der man ein geleistetes Versprechen in Gedanken uminterpretiert.

Welche Implikationen ergeben sich aber aus der Anpassung der traditionellen Bedingungen von Lüge und Täuschung? Wie bereits gezeigt wurde, relativieren Fake News durch ihre Vielgestaltigkeit das Problem der Sprachlichkeit (Bedingung 1). Zugleich bleibt Bedingung 3, der Wahrheitsanspruch, aufrecht, da unabhängig davon, ob bewusst Falsches kommuniziert wird („*intention to deceive*") oder eine Gleichgültigkeit gegenüber der Faktenlage besteht („*in the manner of bullshit*"), beim Publikum der Eindruck erweckt wird, die eigenen Behauptungen seien zutreffend, d.h. ein Wahrheitsanspruch erhoben wird. Bedingung 4 (Falschheit) scheint ihre Berechtigung allein aufgrund des Ausdrucks Fake zuzukommen, wobei die Differenzierung, die Lanius und Jaster vornehmen, wenn sie darauf hinweisen, dass sich Fake sowohl in einem Mangel an Wahrheit als auch an Wahrhaftigkeit realisieren kann (Lanius/Jaster 2018, 211), sehr gut die historische Debatte widerspiegelt. Denn unter Berufung auf den Mangel an Wahrhaftigkeit könnte sich im Extremfall sogar eine „wahre" Aussage als ein Vorkommnis von Fake News erweisen, wenn nämlich jemand in der falschen Meinung, dass p, eine*n andere*n täuschen will und also glauben lässt, dass ¬p, es de facto aber der Fall ist, dass er sich täuscht, ¬p zutrifft und der/die Getäuschte durch den Akt der Täuschung bzw. der Lüge dazu gebracht worden ist, einen wahren Sachverhalt für wahr zu halten.

Eng mit der Frage nach der Falschheit verbunden ist die Bedingung des Schadens, die oben nicht angeführt wurde, weil sie zu keinem Zeitpunkt der Philosophiegeschichte unumstritten war. Zwar lässt sich feststellen, dass dieser Aspekt immer besonders dort hervorgehoben wurde, wo das theologische Verständnis von Sünde den philosophischen Zugang eines zunächst wertneutralen Beschreibens dominierte. Auch in der zeitgenössischen Debatte betonen zahlreiche Autor*innen den „erheblichen gesellschaftlichen Schaden" (Kempt/Nagel in diesem Band), den Fake News verursachen, wie etwa Ingrid Stapf, wenn sie im Zusammenhang mit der Corona-Pandemie und unter Berufung auf den Generaldirektor der WHO Tedros Adhanom Ghebreyesus – „*We're not just fighting an epidemic: we're fighting an infodemic*" – von einer Welle an nie dagewesenen Falschinformationen spricht, die dazu führe, dass Menschen nicht mehr kooperieren und sich die Pandemie weiter ausbreiten könne (Stapf 2021: 98–99).

Als Reaktion auf die Betonung des Schadens gab es aber immer schon Autor*innen – wie beispielsweise der bereits genannte Thomas von Aquin

–, die diesen gerade nicht für konstitutiv, sondern für eine mögliche Begleiterscheinung hielten und im Zuge dessen auf den Nutzen verwiesen, was nicht zuletzt insofern naheliegend ist, als es sich hier um eine Frage der Perspektive zu handeln scheint. Besonders ausführlich widmete sich in der jüngeren Vergangenheit die US-amerikanische Philosophin Sissela Bok der Perspektivität und dem Nutzen von Täuschung und Lüge zu, wenn sie zwischen „*white lies*", „*false excuses*", „*inauthentic justifications*", „*lies in crisis*", „*lies to liars*", „*lies to enemies*", „*lies for the public good*", „*lies to protect peers and clients*", „*deceptive social science research*" und „*lies to the sick and dying*" unterscheidet (Bok 1979). Fragt man nach dem Nutzen von Fake News, zeigt sich, dass die Verbreiter*innen derselben neben einem emotionalen – Erfüllung von Geltungsbedürfnissen – und monetären (Stapf 2021: 112) Profit unter Umständen auch mit einem Gewinn im Hinblick auf die Zunahme von (politischer) Macht rechnen können. Nach Schaden und Nutzen zu fragen, scheint im Zusammenhang mit Fake News also ebenso aufschlussreich wie im Zusammenhang mit Lüge und Täuschung.

Und auch die Täuschungsabsicht (Bedingungen 2 und 3) trifft auf Täuschung, Lüge und Fake News gleichermaßen zu. An dieser Stelle kommen nun weitere Charakteristika ins Spiel, die in der oben genannten Definition nicht explizit enthalten sind, sondern sich erst dann ergeben, wenn man sich der Thematik aus einer anderen, weniger moralisch aufgeladenen Haltung heraus zuwendet. Aufgrund der einseitigen Fixierung auf die negative sittliche Bewertung der Lüge hat es nämlich lange gedauert, bis man sehen konnte, dass die Absicht zu täuschen durch die Fähigkeit zu täuschen bedingt ist, ja streng genommen überhaupt erst möglich wird. Insofern lässt sich die Lüge durchaus auch als „Zeichen sozialer Intelligenz" oder gar als „Triebfeder der Evolution" (Dietzsch 2010: 1467) interpretieren oder – um die Worte von Johann Georg Hamann zu gebrauchen – als ein Element der Weisheit, die „irdisch, menschlich und teuflisch" sei (Hamann 1823: 143). Lügen bedeutet nämlich nicht, einfach bloß ¬p zu behaupten, wenn p der Fall ist, Lügen braucht Kreativität, Eigenständigkeit, einen explorativen Umgang mit Wirklichkeit.

Was eine Lüge ist, was Fake News sind, ist zuletzt abhängig vom Gegenüber und dem Kontext, ist der Alltag doch voll von Sprachspielen, in denen nicht die Wahrheit gesagt wird, was aber aus einer moralphilosophischen Perspektive heraus als unbedenklich erachtet wird: Ironie, Scherz, Kabarett, Roman, Rollenspiel, Schauspiel etc. Mehr noch: Wann wir von *Wahrheit* sprechen, ist auch abhängig vom jeweiligen Wissensstand, von Biographie, weltanschaulichen Überzeugungen, Konventionen etc. Friedrich Nietzsche geht sogar noch weiter, wenn er provokant formuliert, Wahrhaftigkeit bestünde gerade in der „Verpflichtung, nach einer festen

Convention zu lügen, schaarenweise [sic] in einem für alle verbindlichen Sinn zu lügen" (Nietzsche 1973: 375). Eine ähnliche Position wie Nietzsche vertritt Max Scheler, der konstatiert: „Wer (organisch) verlogen ist, braucht nicht mehr zu lügen" (Scheler 1955: 67). Eine individualethische Fokussierung auf einzelne Lügner*innen bzw. auf diejenigen Personen, die Fake News ins Leben rufen und verbreiten, muss von daher naiv erscheinen. Denn sie alle agieren immer als Teile eines Kollektivs, und es gilt nicht zuletzt dieses Kollektiv näher zu betrachten, wenn man das Phänomen Fake News besser begreifen will.

4. Was sollen wir tun?

Richtet man die Aufmerksamkeit aber auf das Kollektiv, lässt sich in Abhebung von Nietzsche und Scheler konstatieren, dass eine Sprachgemeinschaft grundsätzlich (zumindest) ein gewisses Maß an Wahrhaftigkeit und Vertrauen benötigt, damit sie funktionieren, damit sie erhalten bleiben kann. Die Sprache des Kollektivs würde nämlich jegliche Funktionalität verlieren, wenn ihre Konventionen bezüglich Wahrhaftigkeit und Vertrauen (gänzlich) aufgegeben würden, ja diese werden gerade durch das Interesse des Kollektivs an einer effektiven Kommunikation aufrechterhalten (Lewis 1975: 169). Unterstützt bzw. verstärkt wird diese Notwenigkeit eines Mindestmaßes an Wahrheit außerdem durch die – im Kontext der Fake News zuletzt von Sybille Krämer beschriebene – epistemische Bedürftigkeit des Menschen. Unter Berufung auf Steven Shapin, der Wissen als Kollektivgut betrachtet, argumentiert sie, dass wir einen Gutteil dessen, was wir an Wissen benötigen, um unser Leben bestehen zu können, erkenntnistheoretisch nicht begründen können, sondern uns auf das verlassen (müssen), was wir aus zweiter Hand erfahren (Krämer 2021: 29–32). Der Akt des Bezeugens hat also viel mit Glauben und Vertrauen zu tun und ist deutlich mehr als bloße Informationsübertragung. Menschen brauchen in erkenntnistheoretischer Sicht andere Menschen, auf die sie sich verlassen können.

Nichtsdestotrotz gibt es eine ganze Reihe von Kontexten, in denen ritualisiert gelogen wird (Schicha 2019: 85), so etwa auf die Frage, wie es einem gehe, wenn ein Produkt beworben oder verkauft werden soll, bei Empfehlungsschreiben für entlassene Mitarbeiter*innen etc. Auch sind bestimmte Lebensbereiche als besonders verletzlich anzusehen, d.h. in ihnen wird besonders häufig gelogen – wie z.B. in der Politik, Medizin oder Wirtschaft, wo massive Geldinteressen dahingehend bestehen, bestimmte Sachverhalte als wahr erscheinen zu lassen. Nicht zuletzt sollte der in diesem Band gebotene Überblick über die vielen Kontexte, in denen wir es mit Fake News zu tun haben, dafür sensibilisieren, dass die Unwahrheit nicht einfach bloß ein Regelverstoß ist, der durch geeignete Imperative verboten und durch geeignete Sanktionen geahndet werden kann und muss. Lüge, Täuschung und Fake News halten sich nicht nur deshalb beständig, weil manche Personen einen Gewinn aus ihnen ziehen, sondern weil der Unwahrheit auch etwas Faszinierendes anhaftet, weil durch sie etwas in die Welt kommt, ein kreatives Potential, ein Stück Freiheit vielleicht sogar, weil Menschen eben nicht nur Wesen sind, die funktionieren und alltägliche Abläufe vollziehen, sondern auch Wesen, die träumen, die imaginieren und die umgekehrt von den Träumen anderer inspiriert werden wollen. Anstatt (allein) die Begabung zur Vernunft als typisch menschlich festzulegen, könnte man auch den Widerstand gegen das Banale und Faktische als typisch menschlich ansehen, den Umstand, dass Menschen entgegen der Brutalität der Realität sinnstiftende Narrative – wie etwa religiöse Erzählungen – entwerfen, die ihr Dasein freundlicher erscheinen lassen und die daher von anderen für wahr gehalten werden.

Wenn die Imagination aber ein zentrales Element menschlicher Kultur ist, warum reagieren wir dann so sensibel auf Fake News? Vielleicht weil wir epistemisch abhängige Wesen sind, die das Bewusstsein darum, getäuscht worden zu sein, an die eigene Ohnmacht erinnert. Vielleicht weil das Vertrauen in das jeweilige Gegenüber erschüttert wird und damit das – ebenso menschliche – Bedürfnis verletzt wird, geliebt und angenommen zu werden. Weil wir das Bedürfnis nach einer gewissen Verlässlichkeit unserer Beziehungen haben sowie das Bedürfnis nach Ordnung und Stabilität, welches in Zeiten markanter technologischer Veränderungen besonders stark ausgeprägt ist. Zuletzt könnte man die Empörung, mit der Menschen regelmäßig auf Fake News reagieren, auch in Anlehnung an Bernhard Pörksen und Hanne Detel (Pörksen/Detel 2012) damit erklären, dass Kollektive immer wieder den Skandal benötigen, um sich über die gemeinsame Entrüstung ihrer Werte vergewissern zu können.

Was also gilt es – aus (medien)ethischer Sicht – zu tun? Oder vielmehr: Was gilt es nicht zu tun? Es gilt nicht, den neuen Medien die Schuld an dem vermeintlich ganz Neuen zu geben, und zwar umso weniger, als diese – wie Sybille Krämer aufzeigt (Krämer 2021: 39) –, Fake News nicht nur transportieren, sondern zugleich auch die Mittel bereitstellen, Falschinformationen aufzudecken. Solange es darüber hinaus keine empirischen Studien gibt, die eine markante Zunahme von Falschinformationen unter den Bedingungen der Digitalität nahe legen, sollte ein solcher auch nicht apodiktisch behauptet werden, noch dazu, wo der Blick in die Geschichte zeigt, dass sich noch lange vor Social Media Regime wie das der Nationalsozialisten an der Macht halten konnten, indem sie einerseits Angst und Schrecken verbreitet haben, andererseits aber auch viele Menschen dazu gebracht haben, Fake News – wenn man in diesem Kontext einen so banalen Ausdruck wählen darf – für wahr zu halten. Zuletzt sollte man sich bewusstmachen, dass das Postulieren von etwas ganz Neuem nicht hilfreich ist, wenn man konkrete Lösungen für konkrete Probleme sucht. Das ganz Neue – das zeigt nicht zuletzt die Stressforschung (Sapolsky 1997) – macht nämlich immer auch hilflos, vermittelt den Eindruck, als ob keine (bewährten) Lösungsansätze für ein Problem, keine Ressourcen zur Verfügung stünden. Richtet man den Blick aber stärker auf Kontinua und Analogien, die im Zusammenhang mit den Fake News – wie die historischen Beiträge dieses Bandes zeigen – zur Genüge vorhanden sind, ergibt sich daraus die Chance, aus der Vergangenheit zu lernen.

Wenn Fake News verbreitet werden, entstehen nämlich Narrative, die Menschen glauben wollen (Stapf 2021: 106) und immer schon glauben wollten, es kommt zu emotionalen Reaktionen und kognitiven Mechanismen bzw. Fehlleistungen wie Bestätigungsfehlern, kognitiver Dissonanz etc. Daher kann die Lösung auch nicht ein simples Mehr an Wahrheit sein, sondern möglicherweise ein Mehr an wertschätzender Kommunikation, wie Helmut König in diesem Band andeutet. Aus (medien)ethischer Sicht gilt es folglich auch nicht, auf die Bedeutung der Wahrheit zu pochen, sondern Fake News in der Spannung zwischen Wahrheit und Lüge wahrzunehmen, vor dem Hintergrund des Faszinosums der Täuschung. Es gilt zu fragen, welche Probleme wir lösen, indem wir täuschen, lügen und Fake News verbreiten. Bietet das naturalistische Weltbild vielleicht zu wenig Raum für Phantasie und Imagination? Bietet die Leistungsorientierung der Gesellschaft möglicherweise zu wenig Raum für Scheitern und für Schwäche, sodass diese im Fake kaschiert werden muss? Die Fragen, die in den hier zusammengetragenen Beiträgen diskutiert werden, sind jedenfalls erste Schritte auf dem Weg zu einem besseren Verständnis eines schillernden Phänomens.

Wenn man sich diesen und anderen Fragen aber nicht stellen will, bleibt vermutlich wirklich nicht viel mehr, als das alte Du-sollst-nicht-Lügen in einen irgendwie zweitgemäß anmutenden Imperativ zu kleiden. Dass dies in einem medienjuristischen Diskurs geschieht, ist angemessen und wichtig, damit kurz- und mittelfristig (potentielle) Opfer geschützt und stabile Strukturen des Zusammenlebens im digitalen Raum etabliert werden können. Wenn Philosoph*innen, die (Medien)Ethik betreiben, sich aber darauf beschränken, werden sie m. E. dem Anspruch der Thematik nicht gerecht.

Literaturverzeichnis

Arendt, Hannah (1972): *Wahrheit und Lüge in der Politik.* Piper: München.

Bentele, Günter (2016): *Wahrheit.* In: J. Heesen (Hg.): Handbuch Medien- und Informationsethik. Springer: Stuttgart, 59–66.

Bok, Sissela (1979): *Lying: Moral Choice in Public and Private Life.* Pantheon Books: New York.

Borchers, Dagmar (2001): *Die neue Tugendethik. Schritt zurück im Zorn? Eine Kontroverse in der Analytischen Philosophie.* Mentis: Paderborn.

Dietzsch, Steffen (2010): *Lüge.* In: H. J. Sandkühler (Hg.): Enzyklopädie Philosophie (Bd. 2. I-P). Meiner: Hamburg, 1467–1470.

Hamann, Johann Georg (1823): *Schriften* (Bd IV). Reimer: Berlin.

Jaster, Romy / Lanius, David (2018): *What is Fake News?* In: Versus 127/2, 207–224.

Kant, Immanuel (1838): *Über ein vermeintes Recht aus Menschenliebe zu lügen.* In: K. Rosenkranz / F. W. Schubert (Hg.): Sämmtliche Werke, Siebenten Theils. Voss: Leipzig.

Krämer, Sybille (2021): *Der Verlust des Vertrauens. Medienphilosophische Perspektiven auf Wahrheit und Zeugenschaft in digitalen Zeiten.* In: C. Schicha u.a. (Hg.): Medien und Wahrheit. Medienethische Perspektiven auf Desinformation, Lügen und „Fake News. Nomos: Baden-Baden, 25–42.

Kreiser, Lothar / Stekeler-Weithofer, Pirmin (2010): *Wahrheit/Wahrheitstheorie.* In: H. J. Sandkühler (Hg.): Enzyklopädie Philosophie (Bd. 3. Q-Z). Meiner: Hamburg, 2927–2937.

Lewis, David (1975): *Konventionen: Eine sprachliche Abhandlung.* De Gruyter: Berlin.

Luther Martin (1883): *Praeceptum octavum.* In: Decem praecepta Wittenbergensi praedicata populo, 1518, Werke. Krit. Gesamtausgabe I. Weimar.

Machiavelli, Niccolo (1532): Il principe. Florenz.

Mukerji, Nikil (2021): *Was sind Fake News?* In: C. Schicha u.a. (Hg.): Medien und Wahrheit. Medienethische Perspektiven auf Desinformation, Lügen und „Fake News. Nomos: Baden-Baden, 121–134.

Nietzsche, Friedrich (1973): *Über Wahrheit und Lüge im außermoralischen Sinn.* In: G. Colli u.a. (Hg.): Werke. Kritische Gesamtausgabe III/2. De Gruyter: Berlin.

Paganini, Claudia (2020): *Werte für die Medien(ethik).* Nomos: Baden-Baden.

Pörksen, Bernhard / Detel, Hanne (2012): *Der entfesselte Skandal. Das Ende der Kontrolle im digitalen Zeitalter.* Halem: Köln.

Rott, Michael (2013): *Lüge.* In: J. Mittelstraß (Hg.): Enzyklopädie Philosophie und Wissenschaftstheorie (Bd. 5 Log-N). Weimar: Stuttgart, 125–129.

Sapolsky, Robert M. (1997): *Why zebras don't get ulcers: a guide to stress, stress-related diseases, and coping.* Holt: New York.

Scheler, Max (1955): *Vom Umsturz der Werte.* Francke Verlag: Bern, München.

Schicha, Christian (2019): *Medienethik: Grundlagen – Anwendungen – Ressourcen.* Nomos: Baden-Baden.

Stapf, Ingrid (2021): *"Fake News" als eine (mögliche) Frage der Wahrheit? Medienethische Perspektiven auf Wahrheit im Kontext der Digitalisierung.* In: C. Schicha u.a. (Hg.): Medien und Wahrheit. Medienethische Perspektiven auf Desinformation, Lügen und „Fake News. Nomos: Baden-Baden, 95–120.

Thomas von Aquin (1933): Die deutsche Thomas-Ausgabe (Summa theologica), Übers. von Dominikanern u. Benediktinern Deutschlands u. Österreichs. Styria: Graz.

Trier, Jost (1973): *Aufsätze und Vorträge zur Wortfeldtheorie.* In: Janua Linguarum 174, 188–199.

Wirkus, Bernd (2001): *Manipulation.* In: G. Uedin (Hg.): Historisches Wörterbuch der Rhetorik (Bd 5 L-Musi). De Gruyter: Berlin, 930–945.

Autorinnen und Autoren

Joachim Allgaier, 1975 im württembergischen Allgäu geboren, ist Professor für Kommunikation und Digitalisierung an der Hochschule Fulda. Zuvor war er Senior Researcher am Lehrstuhl für Technik und Gesellschaft der RWTH Aachen. In der Forschung beschäftigt er sich vor allem mit den Themen Wissenschaftskommunikation, digitale Medien und Populärkultur. Darüber hinaus beteiligt er sich gerne am Dialog mit der Öffentlichkeit und hat an unzähligen Kooperationen an der Schnittstelle Wissenschaft/Kultur/Kunst und Gesellschaft mitgewirkt. Er ist Mitbegründer des internationalen interdisziplinären Forschungsnetzwerks Navigating Knowledge Landscapes.

Sofia Eleftheriadi-Zacharaki ist seit 2019 Teil des Projekt „Leonardo" Teams, wo sie Lehrveranstaltungen konzeptionell gestaltet und begleitet. Seit 2022 ist sie dort als wissenschaftliche Mitarbeiterin tätig und promoviert im Feld der interdisziplinären Lehre. Neben dem Studium hat sie die gemeinnützige „AXION-Akademie der Werte" mitbegründet, mit der sie Projekttage zum respektvollem Umgang an Schulen und anderen Bildungseinrichtungen durchführt.

Sönke Hebing arbeitet als wissenschaftlicher Mitarbeiter am Lehrstuhl für die Geschichte der Neuzeit (19.-21. Jh.) mit ihren Wissens- und Technikkulturen und ist im Projekt „Leonardo" der RWTH Aachen tätig. Seine Forschungsgebiete liegen in der deutsch-jüdischen Geschichte des 20. Jahrhunderts sowie in der unternehmerischen Zukunftsforschung seit den 1970er Jahren.

Thorsten Karbach, geboren 1979 in Aachen, ist Leiter des Dezernates Presse und Kommunikation der RWTH Aachen. Er ist ausgebildeter Redakteur und hat viele Jahre für regionale und überregionale deutschsprachige Medien geschrieben. Zu seinem Verantwortungsbereich an der RWTH zählen neben der klassischen Pressearbeit die Social-Media-Kanäle der Hochschule inklusive Videobeiträgen und das zentrale Veranstaltungswesen. Er mag schlechten Fußball und gute Bücher.

Hendrik Kempt ist wissenschaftlicher Mitarbeiter am Lehr- und Forschungsbereich für Angewandte Ethik an der RWTH Aachen. Seine Forschungsschwerpunkte liegen im Bereich der Ethik und Sozialphilosophie, mit besonderem Fokus auf Natural Language Processing (NLP) Algorithmen, Mensch-Maschine-Beziehungen, sowie medizinischer und Umweltethik. Zuletzt hat er ein Buch zu Chatbots und deren Rolle in der digitalen Gesellschaft geschrieben.

Max Kerner, emeritierter Professor für Mittlere Geschichte an der RWTH Aachen. Er war von 1982 bis 1984 Dekan der Philosophischen Fakultät. 1986 bis 1991 war er Prorektor und 2002 bis 2008 Senatsvorsitzender. Er ist als Senior Advisor des Projektes „Leonardo", das er 2008 mitbegründete, tätig. Wenngleich sein Hauptforschungsschwerpunkt im Bereich der Geschichte des Mittelalters (insbesondere Karl der Große sowie Fälschungen im Mittelalter) liegt, setzt er sich engagiert und kritisch in öffentlichen Vortragsveranstaltungen mit Europa und seiner Kultur, mit Wissenschaft und Aufklärung, sowie mit Technik und Humanität auseinander.

Helmut König, Jahrgang 1950, war bis 2017 Professor für Politische Theorie und Ideengeschichte am Institut für Politische Wissenschaft der RWTH Aachen. Er war Mitherausgeber der Reihe „Europäische Horizonte" (transcript-Verlag) sowie der der Zeitschrift „Leviathan". Er forscht u.a. zu politischer Theorie, politischer Psychologie und Zeitgeschichte und hat zu Erinnerungskultur, Kritischer Theorie und Antisemitismus publiziert. Zuletzt erschien das Buch Lüge und Täuschung in den Zeiten von Putin, Trump & Co., Bielefeld 2020.

Carmen Krämer ist wissenschaftliche Mitarbeiterin am Institut für Philosophie der Christian-Albrechts Universität in Kiel. Ihre Forschungsinteressen liegen im Bereich der Praktischen Philosophie und hier insbesondere auf angewandten Ethiken wie Medien-, Tier-, Umwelt- und Konsumentenethik. Ihr Habilitationsprojekt thematisiert im Rahmen einer medien- bzw. informationsethischen Analyse die Tugenden und Pflichten medialer Wissensvermittlung und bewegt sich damit im Feld der Moralepistemologie. Sie ist Mitbegründerin des Zentrums für Human Animal Studies Aachen.

Gerald Manstetten, geboren 1991, studierte Germanistische und Allgemeine Literaturwissenschaft, Politische Wissenschaft und Literatur- und Sprachwissenschaft an der RWTH Aachen und war fünf Jahre lang Mitarbeiter beim Projekt „Leonardo". Von 2018 bis 2021 promovierte er als Stipendiat der Graduiertenförderung an der RWTH Aachen. Seine Forschungsschwerpunkte liegen im Bereich des deutschen Postkolonialismus, der Kolonialliteratur der Weimarer Republik und des „Dritten Reichs" sowie der deutschsprachigen Genozidliteratur.

Saskia Nagel ist Professorin für Angewandte Ethik an der RWTH Aachen. Sie ist Philosophin und Kognitionswissenschaftlerin und arbeitet an der Schnittstelle von Ethik, Philosophie, Lebens- und Technikwissenschaften. Sie untersucht, wie neue Mensch-Technik-Beziehungen – etwa durch Entwicklungen in den Bereichen Neurowissenschaften, Künstliche Intelligenz, Robotik oder Datenwissenschaft – das Selbstverständnis und das Werteverständnis des Menschen beeinflussen. Sie ist in einer Vielzahl interdisziplinärer Projekte aktiv und engagiert sich in der Beratung nationaler und internationaler Organisationen zu Fragen der Technikethik.

Thomas Niehr, geboren 1961, ist Professor für Germanistische Sprachwissenschaft an der RWTH Aachen. Seine Forschungsschwerpunkte liegen im Bereich der Politolinguistik, der Diskurs- und Argumentationsanalyse sowie der Linguistischen Sprachkritik. Zum momentan grassierenden Rechtspopulismus hat er ein populärwissenschaftliches Buch für den Dudenverlag und die Bundeszentrale für politische Bildung geschrieben. Thomas Niehr ist Vorsitzender der Arbeitsgemeinschaft Sprache in der Politik sowie des Aachener Zweigvereins der Gesellschaft für deutsche Sprache (GfdS).

Claudia Paganini, geboren 1978 in Tirol, studierte Philosophie und katholischen Theologie in Innsbruck und Wien. Sie arbeitete in der Presseabteilung des Landes Tirol, bevor sie in Innsbruck mit einer medienethischen Arbeit 2017 habilitierte. Sie ist seit 2021 Professorin für Medienethik an der Hochschule für Philosophie in München. Unter ihren Arbeitsschwerpunkten sind vor allem Medienethik, Medizinethik und Tierethik zu nennen.

Simone Paganini, 1972 in Italien geboren, ist Professor für Biblische Theologie an der RWTH-University in Aachen und Research Fellow in the Faculty of Theology and Religion (Old Testament Studies) of the University of Pretoria. Seine Forschungsschwerpunkte liegen im Bereich der Bücher Jesaja und Deuteronomium sowie der Dead Sea Scrolls/Qumran. Er ist Autor mehrerer populärwissenschaftlicher Bücher (zuletzt über Fake News in der Bibel und in der Weihnachtsgeschichte). In der Lehre experimentiert er gerne neue Methoden der technikgestützten Vermittlung wissenschaftlicher Inhalte (Blended Learning, Gamification, Flipped Class-

Autorinnen und Autoren

room, Virtual Reality). Er ist Mitbegründer des Zentrums für Human Animal Studies in Aachen.

Ralph Rotte, geboren 1968 in Warendorf, ist Professor für Internationale Beziehungen an der RWTH University Aachen. Seine Forschungsschwerpunkte liegen in den Bereichen Strategische Studien, Internationale Politische Ökonomie, War Studies sowie Wirtschafts-, Finanz- und Migrationspolitik. Besonderes Interesse hegt er außerdem für die internationalen Beziehungen und das Finanzwesen des Heiligen Stuhls. Er ist u.a. Research Fellow des IZA Institute of Labor Economics, Bonn, und Fellow des Forschungs- und Politiknetzwerkes Global Labor Organization (GLO).

Ines Soldwisch, 1976 geboren, ist Privatdozentin für Neuere und Neueste Geschichte an der RWTH Aachen University. Ihre Forschungsschwerpunkte liegen im Bereich des europäischen Parlamentarismus, der Geschichte des Liberalismus und in der Geschichte der DDR. Sie ist Autorin eines grundlegenden Werkes zur Geschichte des Europäischen Parlaments. Sie ist Mitbegründerin der Research Area „Wissenskulturen" an der Philosophischen Fakultät der RWTH Aachen University.